国際貢献のウソ

伊勢崎賢治 Isezaki Kenji

★――ちくまプリマー新書
143

はじめに――右も左も「保守」

僕は、「九条の会」のお手伝いをしています。

故・小《お》田実《だまこと》氏たちによって設立された同会は、その名の通り、世界平和のために九条を護る運動をしています。現在、「九条の会」は全国に六千以上あり、僕は講師として呼ばれます。そういうところに行くと、会場は、ほとんどがお年寄りのみなさん。自らの戦後の体験からでしょうか、本当に真剣に運動に取り組まれております。

こうして、日本全国津々浦々の「護憲派」の人々とお付き合いするようになって、もう四、五年がたちました。しかし最近になって、僕自身、ちょっとした「違和感」を感じ始めるようになったのです。

この本で言及するように、僕は、世界が抱える一番大きな戦争、「テロとの戦い」の現場であるアフガニスタンに関わってきました。でも、僕がアフガンの話をしだすと、怒りだす人が会場にいるのです。「アフガンみたいな国と関わるから、自衛隊を出す、出さないという話になってしまう。そんな国とは、最初から付き合わなければいいのだ」と。これはほとんど、日本は鎖国すればいい、そうすれば自衛隊を外に出さないで済む、と言っているに等しい。

「九条を使って世界を平和にする」のではなく、「自衛隊を外に出さないために九条を護る」。「世界平和のための憲法九条」を標榜《ひょうぼう》している人々の本音が、実は、これだとしたら――。

「保守」という言葉があります。日本では、どちらかというと「右」のイメージで語られることが多い。戦後の日本の繁栄は、日米同盟が保障してきたとし、それをこれからも維持、そして強化したい。こういう人たちですね。

「現状維持」を望むことにおいては、「九条の会」の中の前述のような人々のほうが、「保守」よりも保守的かもしれません。つまり、現状の日本の「平和」を維持するために、時には武力介入が必要になるかもしれない国際紛争の現実には目をそらす（つまり、自衛隊派遣の議論になるから）という意味において。


そういう九条護憲派の集まりにおいて、僕は一つの質問を聴衆にすることがあります。

「皆さんの中には、今まで、国際協力をやっているNGOのために、募金やボランティアをしたことがある人がいますか？　いたら手を挙げてください」

手を挙げるのは、会場の一割いればいい方です。これが、欧米において、もし同じような市民集会で、同じ質問を投げかけたら、結果は逆転します。むしろ、したことがないという人を探すのに苦労するでしょう。

もし、「世界平和のための憲法九条」を真に標榜し、なおかつ、自衛隊の派遣を阻止したい気持ちを、市民として表明し実力行使するなら、少なくとも、同じ市民の代表として、世界平和に資する活動しているＮＧＯに、身銭を切るべきでしょう！

日本の「世界平和を希求する」市民は、欧米では当たり前のことすらしないのです。

というふうに、ちょっとネガティブなトーンで書き始めてしまいましたが、本書は、日本人を糾弾《きゅうだん》することが目的ではありません。

まず、「日本人のありさま」を、モノを語る前提、もしくは日本人の「特質」として捉《とら》える。そして、「右」も「左」も一致団結して、日本人がその「特質」を活かしながら、日本にしかできない新たな国際貢献の方法を生み出す。これを意識して筆をすすめました。

そもそも、日本の「右」と「左」の対立にかまってくれるほど、国際情勢はヒマではありませんので。

武装解除前の地区司令官と一緒に（アフガニスタン・ガズニ県、2002年ごろ）

目次 ＊ Contents

編集協力◎斎藤哲也

第一章　NGOという貧困ビジネス

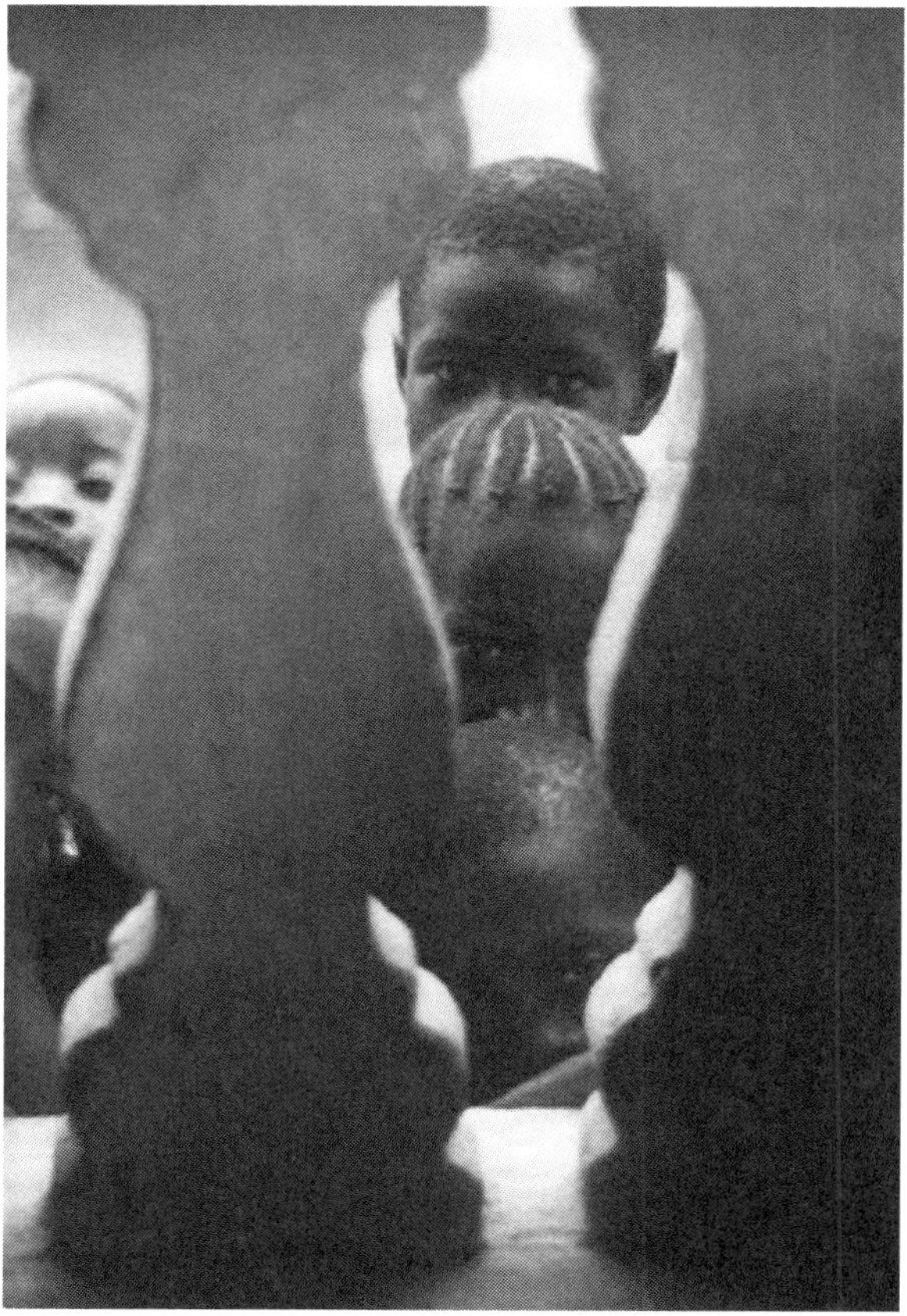

この数年後に内戦が起こる。この子たちはどこへ？（シエラレオネ・ボンバリ県、1988年ごろ）

もしも、あなたの友達や知り合いが「NGOで働きたい」といったら、あなたはどんな感想を持ちますか。

高校生ぐらいだと、NGOと言われてもピンと来ないかもしれませんが、なんとなくイメージするのは、貧しい国々で暮らす人々のために、農業を教えたり建物をつくったりという姿ではないでしょうか。と同時に、「世界の貧しい人のために国際貢献を仕事にするなんて、正義感の強いヤツだなぁ」なんて思うかもしれません。

NGOというのは、"Non-Governmental Organization"の略で、日本語では「非政府組織」と訳します。一口にNGOといっても、貧困解消のための長期的開発、緊急人道支援、環境保全、政策提言、人権ウォッチ、ジェンダーの啓蒙《けいもう》など、活動の種類は多岐にわたります。僕が実務者として関わってきたのは、開発を主なミッションとしているNGOです。その後も、緊急人道支援NGOの理事を務めたりしましたが、内戦終結の政治交渉や戦後処理の問題に関わり始めてからは、戦争犯罪を扱う問題は避けて通れないので、人権NGOの世界にも深く接触することになりました。

この章では、そんな僕の経験を踏まえながら、一般に流布しているNGO像は、実際のNGO——とりわけ僕が関わってきた国際NGOの姿とはずいぶん異なることを説明していきます。そのうえで、日本のＮＧＯの問題点や今後、進むべき道について、僕の考えを述べていこうと思います。

１　ＮＧＯの三角構造

◆セーフティネットとしての国際貢献

この章の本題であるＮＧＯの話に入る前に、まずは本書全体のテーマである「国際貢献」というものに対する僕の基本的な考え方を表明しておきましょう。

日本では耳慣れている「国際貢献」という言葉ですが、欧米のメディアからこの言葉を見聞きすることはほとんどないように思います。なぜでしょうか？

日本で「国際貢献」というと、「国益にはならないかもしれないけど、国際社会全体にとって大事なことだからやるんだ」みたいなニュアンスを感じます。つまり日本では、世界益（世界全体の利益）と国益（日本にとっての利益）は別個のものだと捉《とら》えられがちなのです。

一方、欧米の人々にとっては、世界益と国益は、矛盾せずに受け入れられているような気がします。彼らは世界益は国益にとっても大事だと思っているので、「国際貢献」のような、国益との対立をにおわせる概念をわざわざ用いる必要はないのでしょう。

だから欧米社会はすばらしい、と手放しで賞賛するつもりはありません。

彼らが発展途上国を援助するのは、途上国を搾取することによって産業革命を推し進め、グローバル経済の屋台骨を作ってきた歴史の裏返しとも言えます。途上国の資源や労働力をあまりに収奪しすぎると、不満を持つ人間が反乱を起こし、経済システム自体が崩壊する。だからそれが爆発しない程度に少しずつ対処する。要するに欧米社会は、途上国の人々を搾取するかわりに、彼らがヤケを起こさないように、セーフティネットを作らなくてはいけないということを経験的に学んできたわけです。したがって、欧米による途上国の援助とは、底辺の人たちが死なない程度のセーフティネットを提供することにほかなりません。その意味で、国際協力とは、いわば世界経済システムを維持するためのスキマ産業なのです。

逆に言えば、一国の政治体制を根本的に変革することが必要な状況では、国際協力が邪魔になることだってありえます。海外からの援助は、貧しい国の支配者側にとっては都合がいい。少なくとも、国内の不満の爆発を抑制してくれるわけですから。

◆矛盾だらけの人道主義

スキマ産業としての国際協力業界には、官民含めていろいろな団体が関与しています。本書で取り上げていく、NGOや国際協力ボランティア、国連、ODA組織、自衛隊は、いずれもこのスキマ産業のプレーヤーといえます。そして、この業界が好んで使うのが「人道主義」という美しい言葉です。人道主義とは、人間愛を説き人間への福祉を実践する。簡単に言えば、かわいそうな人間は助けなきゃいけないということです。

でも、助けるべき人間は、日本にもいます。それなのになぜ、わざわざアフリカまで行って、援助をしなければいけないのか。

NGOの三角構造を例にとって説明してみましょう。

NGOは、ドナー（お金を出す人）と被援助者（援助を受ける人）とを仲介する位置にあります。たとえば開発NGOは、先進国のドナーからもらったお金を活動資金にして、発展途上国で開発援助事業を実施する。

このとき、ドナーと被援助者との距離が遠いことは、強みにもなるのです。距離が遠ければ、ドナーと被援助者は直接コミュニケーションできない。そういうギャップがあるから、業界はいくらでも現場を美化することができる。どんなに悲惨な場所かということを一方的に描写できる。自分たちの活動のPRもしやすい。逆にいえば、NGO業界がいちばん恐れるのは、ドナーと被援助者が直接コミュニケーションできてしまうこと。そうなったら、仲介者が存在する意味が薄れてしまいます。

こうした距離の差を利用することによって、人道主義を過度に美化する土壌が生まれるし、国際援助のＰＲ材料として人道主義が幅を利かせることにもなっていくわけです。

ＮＧＯは、ドナーからお金を集めなければいけないから、人道主義を広告・宣伝の材料にすることは、やむをえないことだと思います。

しかし、それが高じて自分たちの活動を神聖視し、自己批判する余裕がなくなれば、これはＮＧＯ自らの存在意義をおびやかすものになるかもしれません。「善意は世界を変える」「愛は地球を救う」のようなキャッチフレーズを小さなＮＧＯが使っている分には害はないように見えますが、支配欲の強いある国家権力が自らの侵略行為を正当化するプロパガンダとして使ったらどうなるか。

国家は自らの侵略行為を「人道的介入」という言葉で正当化する。両者が使う「人道」の区別がつかない一般大衆は、国家権力によって容易に扇動されていくでしょう。その一番わかりやすい事件が、つい最近、「世界最大の民主主義」によって起こされました。

アメリカのブッシュ元大統領は、サダム・フセインを人道に反する悪魔と規定し、それを

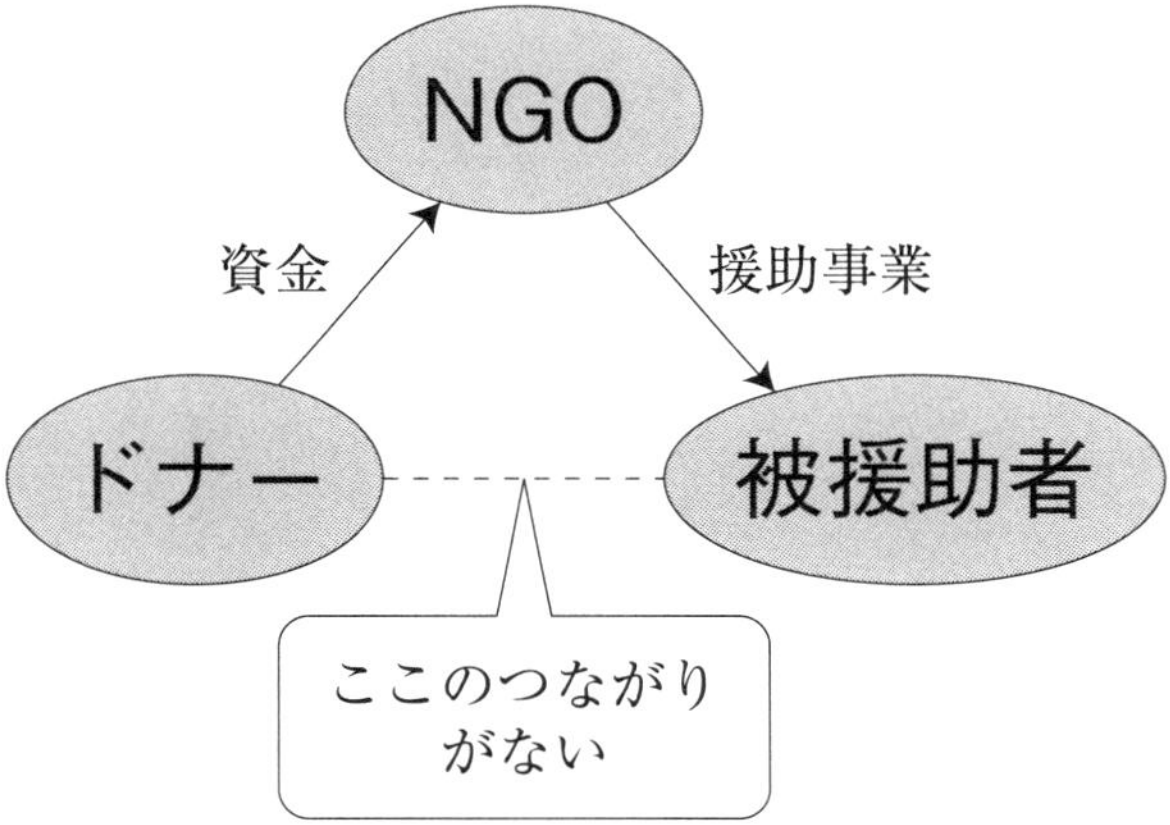

図 1-1　NGO の三角構造

糾《ただ》す正義の名のもとにイラクに武力侵攻しました。その結果、多くの人の命が奪われました。人の命を奪うことは人道主義に反することですが、非人道的な指導者が支配する国ならばその国民の犠牲を顧みず攻撃してもよい、と「民主主義」の民意が判断する。正しいことのためには多少の犠牲もやむをえない、と民意が判断するようになる。イラクの場合は、「多少」では済まなかったわけですが。こうなると、人道主義という思想そのものが矛盾を孕《はら》んでいることになります。

でも、そういった「人道的介入」の結果、現地社会が破壊され、住民の多くが死傷するという「人道的危機」が生まれ、そこにNGOを含む人道的援助の活躍の場ができる。こういう

「マッチポンプ」的な性質が、そもそもこの業界にはあるのです。

2　国際NGOとは何か

◆インドでのNGO体験――「不良外人」として国外追放

では、僕の体験を踏まえながら、具体的にNGOの活動について説明していきましょう。

僕が初めてNGOに関わったのは、二十代前半のころです。僕は、当時アジア最大と言われたインドのスラムに入って、コミュニティ・オーガナイザーとして住民組織を作り上げ、居住権獲得と環境整備のために、ムンバイ（当時はボンベイ）市当局と壮絶な闘争を繰り広げました。

居住権獲得というのは、当局がスラムの家屋を強制排除しようとするのを止めるために、抗議デモを実施したり法廷で争ったりすることです。共同トイレや下水道などのインフラを「ちゃんと整備してくれ」と、弱い立場の住民達をオルグ（組織化）し、大きな力に束ねて行政と直接交渉、談判する。日本で一番わかりやすい事例でいえば、被差別部落を対象にした部落解放運動ですね。

スラム住民との話し合いは、彼らが仕事から帰ってくるのを待ってから。スラム活動家は夜のお仕事（インド・ムンバイ、1984年ごろ）

線路ぎわでもスキマがあればどんどんスラムが増殖する。だいたい宗教、言語、カースト、出身地別にコミュニティができあがる（インド・ムンバイ、1984年ごろ）

僕らが組織した住民運動は約四十万人のスラム住民をまとめるもので、デモや談判の場面は、それはそれは壮観なものでした。そして、家屋の強制撤去の廃止や、不法占拠者とはいえ、そこに十何年も暮らし納税者でもあるスラム住民が、一市民として当然享受すべき数々のインフラ整備を、行政から引き出しました。このインフラ整備には、海外からの援助資金は全く入りません。住民が自らの政府行政に対して行う要求運動です。

「なぜ日本人がインドで住民運動？」と思われるかもしれません。実は、この時の僕は、インド人として住民の組織化の特別の訓練を受け、他のインド人スタッフと共にこのスラムに「潜伏」していたのです。発展途上国の社会の非抑圧者層をオルグし、その社会を底辺から変えていくことを目的にした国際ＮＧＯがあって、そこからの資金で僕たちの人件費がまかなわれていました。

これは、ちょっと端から見ると、外国の怪しい組織が、何か反政府運動、もしくは革命を起こさせるような活動でしたから、政府からもマークされやすい。日本でも、もし、部落解放運動に海外からの資金が流れていると噂《うわさ》がたったら、日本政府は警戒するでしょうし、一般の日本人にとっても、あまり気持ちのいいものではないでしょう。アメリカのＣＩＡなどは、気に食わない国の政権を転覆させるために、反政府勢力に援助したりしてきましたが、まさしくそういったスパイの世界スレスレのことを僕たちはやっていました。

僕たちの組織が掲げていた「貧困で苦しむ人々が団結し、自らの力で政府と交渉し、生活改善を一歩一歩実現していく」というのは非の打ち所のないキャッチフレーズですが、こうした運動も、一つ間違うと、変な方向に行ってしまうかもしれない。しかも、そこに民間であれ、政府であれ、外国の介入がある場合、非常にきわどいものになります。NGOを装うくらいは、諜報《ちょうほう》活動に長《た》けた列強の政府はいくらでもできるわけですから。

当然のごとく、僕はインド公安から目をつけられ、最終的には「不良外人」として国外退去になりました。僕らが組織した住民組織は、その後も発展を続け、今でも住民運動の優良モデルとして存在しています。

先ほど説明したように、この僕のインドでの活動では、国際NGOからの資金は、僕を含めた数名の現地活動家の人件費をまかなう小さなものだけでしたが、その活動の結果として巨大なインフラ事業を行政から引き出しました。僕らの資金は、もとをたどれば海外のドナーが拠出したものであり、それを仲介するNGOがあり、そしてその向こう側にスラム住民という被援助者がいる。ドナーの意思は、被援助者の福祉というより、現地社会の「革命」のほうにあったかもしれませんが、構造的には、前述のNGO活動の三角構造があてはまります。

◆「開発」とは、外国資本が行う公共事業

インドから帰国した後は、プラン・インターナショナルという国際NGOに所属し、約十年にわたり、シエラレオネ、ケニア、エチオピアで、開発援助の指揮をとりました。これは、先の三角構造から言うと現地の巨大なインフラ事業を直接、海外のドナーからもらった資金でまかなうもので、動くお金も非常に大きいのです。

後でくわしく説明しますが、欧米で生まれた国際NGOというのは、日本で生まれたNGOと違って、組織も財政もしっかりした基盤をもっています。そして活動規模も大きい。プラン・インターナショナルは、当時、アフリカ、アジア、ラテンアメリカなど、約四十の発展途上国で開発援助の活動をしていました。活動の内容は、貧困層の子供を対象にしたコミュニティ総合開発で、教育、医療保健、居住など、幅広い分野をカバーしています。

コミュニティ総合開発というのは、複数のプロジェクトを同時並行で動かしていきます。僻地《へきち》の農村に診療所を建設するプロジェクトひとつをとっても、疫病の原因そのものを絶つべく村の各戸に改良型トイレを普及させる、清潔な飲料水のために井戸を掘る、さらに学校

シエラレオネの位置

この国の独立後初の農業協同組合は、僕がつくった。トラクターの譲渡式にて（シエラレオネ・ボンバリ県、1989年ごろ）

での衛生教育や、子供の栄養状態を高めるための農業プロジェクトを実施するなど、同時にいくつものプロジェクトを動かしていくのです。

僕が最初に赴任したシエラレオネでは、プロジェクト対象世帯数は約二万世帯。プロジェクト予算は数億円の規模になります。これだけの規模になると、アフリカのように国家財政が脆弱《ぜいじゃく》な国では、国家の政策にも影響を及ぼすことになります。実際、シエラレオネでは、十三ある県のうちのひとつの公共インフラ整備をほとんど全部僕がつくりあげたといっても過言ではありません。こんな話をするのは、何も自分の手柄を自慢したいからではありません。おそらく、みなさんが頭に抱いているNGO像を一度リセットしてもらわないと、これから話すこともピンと来ないと思うからです。

もう少しシエラレオネの話を続けると、ここで僕は、百五十校程度の小中学校や道路、橋の建設、診療所や病院の医療ネットワークの構築、農業協同組合の組織化など、あらゆるインフラ整備を手がけました。

こうした国際NGOの活動は、現地の目から見れば、「お上」が実施する公共事業として映ります。それが、現地政府によるものであっても、僕たちのような外国籍の団体がやるものであっても、一般の非力な住民から見れば、「お上」なのです。だから、日本のメディアが日本政府の公共事業に批判の目を向けるように、現地メディアそして被援助者の中でも問題意識のある人々は、容赦なく僕たちに監視の目を向けます。

◆「非政府」だけれど政治家と仲良くする

同時に、現地政府の沽券《こけん》にかかわるようなことを僕たちはやっているわけです。基本的にNGOへの依存度が強いということは、政府が何もやっていないということの証明にもなります。それは政府にとって都合が悪い。「お上」が二つも存在していたら、国民に格好がつかない。だから、政府はNGO活動の引き締めにかかり、なんとか国家が統制しているんだという体裁をつくりたがる。でも、NGOは「非政府」ですから、当然反発する。現地政府とNGOというのはいつも緊張関係にあるわけです。

かといって、「非政府」であることは、むやみに政府と喧嘩《けんか》することではありません。診療所を建設しても、それだけでは箱モノであり、医療施設としてそれを機能させるのは、看護師や医者たちです。そして、彼らは公務員なのです。政府とうまく連携しないと、人々の生活に実利ある公共サービスは実施できません。

でも、発展途上国ですから、公務員のやる気が今ひとつです。シエラレオネでは、既に国家財政が破綻《はたん》していて、公務員の給料が滞っておりました。医薬品の供給もです。すると、何が起こるか？　ワイロです。この国では、農村医療は無料であることが法律で決まっていましたが、困窮した看護師たちは薬代をぼったくる。つまり、国が医薬品を送ってくれないからヤミで買わなければならない、とウソを言って患者から金を徴収するようになる。払えない患者の受け入れを拒否するようなケースも出てくる。

これらはもちろん違法行為ですが、行政がここまで破綻すると、違法行為を取り締まるはずの司法、警察も、同じく公務員ですから、事件はワイロで簡単にもみ消されます。社会全体が違法行為を見て見ぬ振りをするような状況です。

こういう状況で、いくら箱モノをつくっても全く意味がありません。かといって、政府に公務員の給料を出せと迫っても埒《らち》はあかない。無い袖《そで》は振れないでしょう。じゃあ、僕ら国際NGOは何をするか？　ワイロで入ってくるお金を正当に管理するシステムをつくればいいのです。住民がお金を出しあって、それがちゃんと公の目で管理されるような、診療所と周辺地域コミュニティとの間の相互扶助の仕組みをつくる。たとえば、それまでこの国にはなかったコミュニティ医療委員会みたいなものをつくり、そこが診療所の経営を把握し、その地域コミュニティの人々の背丈にあった補完システムを、住民が考える。村が看護師の住居を世話するかもしれません。みんなで収穫の中から少しずつ出し合い、看護師たちの食生活を助けるのもいいかもしれません。さらに、少額の受診料を決め、診療所の維持のコストにあてるのもいい。

こういうローカルなシステムは、一つの場所で、やる気のある当事者がいれば、本当に容易《たやす》く実施することができます。でも、それだけではだめです。全ての診療所に同じことが波及されなければなりません。ちょっと尻込《しりご》みするところでも、半ば強制的に実践させないと、国全体は変わらない。

だから政策づくりです。二、三の診療所で試験的に実施して自信をつけたら、全てのところに波及させるべく一つの政策として確固たるものにしなければなりません。政策をつくるのは政府や政治家です。だから僕たちは、「非政府」と言いながら、政治家と仲良くする。ロビー活動と言った方がいいですね。政治家の気を引くためのワイロは払いません（いろいろな形で払うNGOもいますが）。政策に関与しないかぎり、NGOの活動は慈善事業の域を出ない。途上国の貧しい人たちのニーズを拾いあげながら、それを政策面に橋渡しすることにこそ、NGOの大きな役割があります。

こうした公共事業の一切合財を引き受け、さまざまなプロジェクトを実施する。そして、その結果が幼児の死亡率の改善などの数字に顕著に現れる。きめ細かい事業を小規模にやるなら、いわゆる福祉事業の範囲に留まります。きめ細かい事業を大規模にやる。これが国際NGOのやる開発援助という仕事の真骨頂なのです。

◆国際援助は社会変革を阻む?

こうやって僕たちは、貧困対策のために、政治家も利用しながら邁進《まいしん》するわけです。でもそこはNGOです。国全体を一度に変えるなんて力は単体のNGOにはありません。だいたい、NGOは一つだけではありません。同じような資金力をもつ複数の国際NGOが一国にひしめく、というのが途上国全般に言える状況です。そして、それぞれの「テリトリー」が重複しないようにする「業界の自主規制」も存在します。

ということは、当然、NGO間の競争が生まれます。これは、お互いを高め合う健全な競争かもしれません。でも、NGOが自分たちの活動をアピールするためには、「幼児の死亡率は国平均でこれくらいです。でも、私たちが活動している地域ではこれくらい下がりました」と、言いたい。つまり、他の地域との格差は、NGOにとって活動の成果の実証になるわけです。だから他の地域のことは、たとえすぐ隣のことであっても、そしてそれがどんなに悲惨な状況であっても、はっきり言って、「管轄外」なのです。

国全体を一挙に変えることができないことに加えて、国際ＮＧＯが抱えるジレンマについて、もう一つ指摘しておきたいことがあります。

さきほどワイロの横行を是正するための、国際ＮＧＯの取り組みについて説明しました。破綻した公共サービスを、住民が自らの手で立て直す。政府が運営できないから診療所の運営も、利用者に課金することも含めて、住民の自治にゆだねる。

これらはたいへん美しいストーリーに聞こえるかもしれません。事実、ＮＧＯは、ドナー向けの広報の常套句《じょうとうく》として、住民の「自主性」とか、利用者が公共サービスの財政に責任をもつことで、開発投資の「持続性（サステナビリティ）」が高まるとか言うのです。

しかし、貧困層に、こういった課金システムを導入するときには気をつかわなければなりません。特にシエラレオネみたいにダイヤモンドをはじめ地下資源が豊富なのに「世界最貧」の国では――。

そういった国々では、一部の政治家や官僚をワイロ漬けにして、できるだけ有利な条件で資源を収奪しようとする多国籍企業やバイヤーたちに、地下資源の売買が独占されている状況があります。国の運営がちゃんとしていれば、公共サービスをタダにだってできるほど資源は豊富なのに、政府が腐敗しきっているために、国策の破綻のつけを、貧困層が払わされるのです。

こういう状況に必要なのは、国際援助でなく、「革命」かもしれません。事実、シエラレオネでは、僕の任期中に、腐敗しきった一党独裁政権を倒すことをスローガンに革命ゲリラ軍が蜂起《ほうき》しました。しかし、革命成就とはならず、内戦に突入。内戦は十年間つづき、推定五十万人の市民を犠牲にしました。国際NGOが築き上げてきたものを含めて全ては破壊しつくされ、国は焦土と化したのです。

今、僕は思います。国際NGOとしての僕らが、国のあり方に対してもっと大きな視野で行動していたら、政府とねんごろであった自分たちの存在に少しでも自己批判する力があったら、と。そうすることによって多少の支障が「営業」に出ても、あの時もう少しの勇気があったら、あの内戦を防ぐことができたのではないか。ナイーブかもしれませんが、本当にそう思います。

◆向いているのは「リストラできる人」

それでは、ここまで説明してきたような開発援助のNGOに向いているのは、どのような人でしょうか。僕だったら、迷うことなくこう答えます。「組織の存続と経営の効率化のために、血も涙もなく人をクビにできるような人」と。

ＮＧＯには「経費率」という考え方があります。例えば募金された一万円のうち、どれくらいが職員の給与などの経費になり、どれくらいが現場に届くかを表す数字です。この経費率が低ければ低いほど、援助効率は高いことになる。

援助効率を高めるために何をするか。会社と同じく、リストラです。ＮＧＯ業界には「エンパワーメント」という考え方があります。これはＮＧＯスタッフの仕事を被援助者に権限移譲することです。いったい、コミュニティにとってどんな事業が優先されるのか。限りある資金を何に使うのか。学校建設か。診療所が必要なのか。こういうニーズに優先順位をつけるだけでなく、それらの計画立案まで住民参加で行う。建設事業だったら労働力の提供だけでなく、資材購入、建設業者の入札管理まで住民が行う。

「被援助者が自らの足で立ち上がり開発事業を自律的に運営する」。これはドナー向けに大変魅力的なキャッチフレーズになります。これをどんどん推し進めると、ＮＧＯスタッフの仕事が減りますから、当然クビ切りが必要になる。「あなたから頂いた募金の□％は、ちゃんと現場に届きます」。これも、欧米のドナーには受けます。□の部分、つまり「援助効率」は多いほどいい。

このエンパワーメントを盾に、僕は約百人を一斉に解雇したことがあります。僕の事務所の経費率は激減し、他の現地事務所のお手本のようになりました。しかしいまだに、僕はクビにした一人一人の顔が夢に出てきます。もちろん、不正行為で解雇したスタッフもいましたが。

◆「途上国は人材不足」のウソ

日本で国際協力NGOというと、現地の人と一緒に汗水たらして井戸を作ったり、畑を耕したりというイメージが強いかもしれません。そういった光景がテレビでもよく映し出されます。「途上国は人材も技術も不足している」というのが、まず先入観としてあるのではないでしょうか。

しかし、実は、農業にせよ、教育にせよ、医療保健にせよ、開発援助に必要な専門家は現地で十分得られるのです。世界最貧国シエラレオネでもそうでしたから。だいたい、植民地だった頃から、いわゆる高等教育の歴史は、日本の比ではありません。欧米の一流大学との交流も盛んです。留学経験者もかなりいます。そういった人々が帰国後、大勢職にあぶれている状態です。そして、国際ＮＧＯは、彼らにとって、たいへん魅力ある安定した就職先なのです。それに、何と言ったって彼らは「現地語」ができる。

だから、一人の有能なマネージャーがいれば、現地の知性を活用し、「開発」するシステムを作り上げることができる。外国人スタッフが要るとしたら、こういう役割だけでことは足りるのです。

これは会社の建て直しとよく似ています。赤字でツブれそうな会社があったときに、現場社員をすべて取り替えるようなことはしませんよね。まずトップを替える。経営者の力量で、Ｖ字回復をする会社はたくさんある。それと同じで、途上国にだって専門家もいれば、技術だってあります。それを効率的にマネジメントする人材がいないだけ。

「現場の知」ならぬ「現地の知」を有効に活用し、組織化することを、プロフェッショナルの国際ＮＧＯなら、ごく自然に行うのです。

ところが、多くの日本のＮＧＯはそうは考えないようです。「日本人のドナーがお金を出してくれるのは、そのお金を日本人スタッフが、現地で責任を持って使ってほしいと思っているからだ」と。こういう考えが、脳裏を支配しているのではないでしょうか。

実際はそんなことありません。たとえば、日本に進出して成功した国際ＮＧＯに関していえば、東京事務所で問い合わせの電話に答えるのは日本人かもしれないけれど、現場で事業を指揮しているのが日本人だと、実はドナーはあまり期待していないし、気にもしない。

でも、日本では、まず自分たちが外国に行きたいということが先に立つ人たちがNGOに集まりますから、やっぱり日本人が現地で仕事をしなければ、日本のドナーは信用しないという考えが支配しているのではないでしょうか。結果的に、日本のNGOの現地事務所では、その活動資金は、欧米の国際NGOに比べて数十分の一にもかかわらず、外国人スタッフの数は多いというういびつな姿が見られます。

「日本のドナーには、日本人の現場のヒーローもしくはヒロインが必要」なんていう認識は、もはやNGO側の「思い込み」と思った方がいいでしょう。ここに気づかないと、日本のNGOは、日本に進出する「援助効率」に秀でた外国籍の国際NGOに、どんどん駆逐されていってしまいます。もう、状況はそうなっていますが。

◆部外者として関わるメリット

先ほど国際NGOに向いている人は、血も涙もなくリストラできる人だと僕は書きました。これはインドの住民運動を組織したときから今日まで、「部外者」として当事者の問題を扱うことに徹していた僕の実感です。僕は、当事者への感情移入は限界がある、ということをずっと心に言い聞かせてきました。

インドの住民運動で感じたことですが、運動というのは、続けているうちに「しょせん、おれたちとは違うお前に、おれたちの苦しみなんてわからない」といった形で、当事者とそうでない者の間に温度差が出てくる。それは克服しようがないわけです。

僕たちは現地の人々とは同化できません。何十年住もうとも、現地語を駆使しようとも、そこには厳然たる一線が引かれます。現地の人は、外交辞令として「おまえらは我々と一心同体だ」みたいなことを言うかもしれませんが、実際はよそ者として見ています。現地に骨を埋めるとか、そういうものは、かなり一人よがりな幻想にとりつかれていると思う。しかし、僕たちは当事者の問題と距離をおいているからこそ、現地の人たちがアクセスできない外国の寄付者にコンタクトを取り、お金をいただくことができる。だから仕事の多くも、その部分に徹するべきで、現地のプロジェクトを直接実施する作業は、別に外国人がやらなくてもいいわけです。外国人の強みは、ドナーの側と橋渡しができること。それを割り切る必要があるということです。

問題の当事者の怒りや熱情だけでは運動は持続しません。運動は組織化されて、戦略を持たなければいけない。そのときに、部外者の役割が絶対必要になります。問題の当事者というのは、「自分が抱える問題は、世界で一番深刻な問題である」と常に考えますから、自分の問題を客観視することは非常に難しい。

NGOだって同じことです。先進国から来たスタッフが、アフリカの飢えの惨状に同情したところで、しょせん彼らは、いつでも国に帰れる部外者です。「この飢えをなんとかしなければいけない」と声高に唱えようとも、彼ら自身は飢えてない。テレビに映っている彼らには、太っているやつもいますしね。

それでいいんです。部外者というのは、被害の当事者ではないからこそ、より客観的な戦略を立てられるということです。そういう専門職があっていい。

NGOのような団体で海外援助に携わる人たちには、社会変革をしたいという動機があるかもしれませんが、そういうものはあまり表に出さないほうがいい。なぜかというと、社会変革をしたいという熱情は、当事者よりは絶対低いはずだからです。当事者になりかわったようにその問題を叫び続ける人たちって、僕はちょっと引いてしまう。僕たちは冷静になれるからこそ、当事者と一緒に寄り添う意味があるのであって、一緒になって怒っちゃいけない。NGOは、そういう専門職であるべきです。

3　NGOの経営学——商品は「貧困」

◆NGOは情報サービス産業である

NGOを一つの産業として見るならば、その構造はとてもシンプルです。先進国の寄付者からお金をもらって、僕たち自身の取り分をもらい、残りを途上国に落とす。これがこの業界の仕組みです。

人は黙ってお金を出すわけがありませんから、NGOはお金と交換する価値を寄付者に差し出さなければいけない。具体的には、「プロジェクトの成果」という形で被益者の情報を与えるわけです。みなさんのお金のおかげで、途上国の人々の生活がこんなに変わった。そういう情報を得て、寄付者はお金とひきかえに満足感を得る。このように考えれば、NGOとは、情報を売買するサービス産業とさえ言えるかもしれません。つまり「顧客満足度」をプロジェクトの成果として追求するサービス産業です。

このサービス産業には、まず他人の貧困という商材がなければならない。援助を必要とする人々がいることが、業界が存続する大前提です。だから、貧困はこのサービス産業における一つの「商品」なのです。そして、その「商品」の所有者は被援助者なのです。NGOではありません。NGOは、その所有者に代わって、その「商品」の商品価値を発掘し、そして効果的に広報することによってドナーに売り、そこで募金された資金を現場に投資する。その投資が生み出す変化をこれまたドナーに効果的に広報し、更なる継続的な売買関係を維持する。NGOはこういう中間業者でしかないのです。

◆搾取される「知る権利」

その中間業者が、「中間搾取」のそしりを退け、その中間業を健全な業界にするとしたら、その方法は、中間業者の取り分である中間マージンの適正化と、その情報開示しかありえません。

中間マージンの適正化とは、とりもなおさず、NGOの経費率をできるだけ下げて、できるだけ多くの募金された資金を現場に届けるということです。援助効率を上げるということです。

情報開示とは、まずドナーに援助効率を正確に伝えること。これはNGOの「格付け」も始まっている欧米ではドナーの選択基準の一つとして既に定着しています。日本でも、遅まきながら定着しつつあります。

しかし、「あちら側」への情報開示はどうでしょう。つまり、「商品」の所有者たちへの情報開示です。貧困という商品が、先進国でどう売られ、その買い手はいくら払い、そのうちいくらが自分達に届いているかを「彼ら」は知っているでしょうか？

これはまったくと言っていいほど「彼ら」には開示されておりません。国際ＮＧＯの中でも、僕のアフリカでの活動を含め一部でしかやっておらず、日本のＮＧＯでは皆無でしょう。自分の「商品」がどう売られているかを知る権利が搾取されている。僕は、これは理不尽な状況だと思います。でも、なぜそれがまかり通っているか？

被援助者は貧困に苦しむあまり、知る権利を「知る」余裕がないのか。それとも、権利に対する意識も芽生えないほど教育的に遅れた人たちなのか。

そうではありません。僕が経験したアフリカの最貧国でも、彼らの本音に入れば入るほど、彼らの知る権利に対する渇望が実感できます。そして、それがない現状に大変強いフラストレーションや怒りを抱いています。でも、なかなかＮＧＯに面と向かって抗議できない。なぜか？

先進国のドナーは募金するＮＧＯを選べる立場にいるが、被援助者はそうではないからです。

◆魚を与えるより魚のとり方を教える？

こうして見ると、NGOって、かなりあくどい中間業者のように見えます。僕が見る限り、被援助者というのは権利意識も何も持ち得ないくらい知能的にも劣った人たちだ、というイメージを暗につくりたがるようです。

その典型的な例が、「魚を与えるより魚のとり方を教えることが大切なのだ」という言い方です。端的にいえば、発展途上国は援助依存体質が染み付いてしまっているから、自立させねばならんという考えですね。

勘違いもはなはだしいんですが、途上国の人々は、我々よりもはるかによく魚のとり方を知っています。自分たちで自宅を建設したり修理したり、コミュニティで共同して集会所なんかも自前で建設する。僕たちNGOに言われなくたってです。

そもそもNGOという業界自体が、いやおうなく「依存」を作り出しているわけでしょう。それはよいとか悪いとかの価値判断の問題ではなく、業界存続のための前提条件です。しかも業界自体が、途上国の貧困に依存しているわけです。

「依存」そのものを否定するとしたら、仕組みを壊さなきゃいけません。これは援助ではなくて革命になります。スキマ産業がスキマ産業じゃなくなる。そこまで勇気があるんだったら、NGOを辞めることからやってください。住民たちの中に入って、給料もなしに、体制に向かって一緒に石を投げることから始めてください。

自立が必要なのはNGO側の人間かもしれない。だって、日本のNGOなんて、自分たちの食い扶持《ぶち》が来年どうなるかわからない状態です。国際NGOは、三年や五年単位で事業を計画できるような資金的な基盤がありますが、少なからぬ日本のNGOは来年の運営費で頭を抱えている。そういう状態でそもそも、途上国に出かけて行って自立せよなんて言うのがおかしい。

仮に、一年ぐらいしか活動できないような経済状況で行くのであれば、その期間でできる最大限の成果を考えるべきです。だったらその一年で、自立なんていうまやかしを言わないで、魚をあげてきたほうがいいんです。

「魚を与えるのがいけない」と言うことほど、現地の人の意志と可能性を蹂躙《じゅうりん》している言い方はありません。だって一時的にでも魚をもらうことで、それでおなかが膨れて、自分の力で勉強し、人生を切り開く個人が出てくるかもしれない。個人の可能性ってそういうものでしょう。自立原理主義は、足ながおじさん的な奨学金をも否定することですよね。お金をあげることだっていいわけです。もしかしたらチョコレート買うだけで終わってしまうかもしれない。でも、それだっておなかが膨れるなら、いいじゃないですか。そして、そのなかの何人かは、自分の力でキャリアを拓く人間が出るかもしれません。

援助を受ける側の人たちの可能性と自由を僕たちの側が自立みたいな言葉でがんじがらめにするのは、非常に傲慢《ごうまん》なことだと思います。僕が彼らの立場だったら、ふざけるなと言いたい。現地の人にとっては、外国のNGOとの接触なんか、彼らの長い人生の中ではほんの短いものでしかない。そんなやつらに人生いかに生きるかまで言及されたくないはずです。

4 「清貧」から抜けられない日本のNGO

◆NGOの給料は安い？

日本人の多くは、途上国で活動するNGOを「清貧」のイメージで見ていると思います。ボランティアか、あるいはとても低い報酬で、途上国の生活改善のために身を粉にして働く。そんなふうにNGOに所属する人たちを見ているのではないでしょうか。

たしかに日本国内のNGO職員の給料は安い。

僕が最初に入ったインドの現地NGOでは、現地の水準においてですが、大卒の初任給ぐらいの額はもらっていました。ところがインドから帰国した後、日本のNGOに面談に行くと、海外勤務で月給十万円以下だといわれる。そもそも、お金の話を切り出すことすら、なんかKYな目で見られる。バブル前夜の一九八七年のことです。これじゃ家族も養えないということで、僕は欧米国籍の国際NGOに目を向けたのです。

現在でも、国内のNGOで働くとしたら、ワーキングプアー覚悟です。一方、国際NGOは、国連職員と同じくらいの給料が出ます。福利厚生だってきちんとつく。もちろん、狭き門です。ボランティア気分で汗水たらすわけじゃなくて、現地スタッフをマネジメントする仕事だから。たいがい応募してくるのも、三十代後半以上が多い。しっかりした実務経験がないと、競争率が高過ぎて採用されません。前職は、国連、外交官、多国籍企業の社員などさまざまですが、採用に当たっては、マネジメント経験や予算管理の経験を問われます。より高い責任あるポストは、国連や政府の官の経験より、やはり顧客管理や費用対効果をごく自然のこととしてきた民間企業での経験が重視されます。

僕がプラン・インターナショナルに面接に行って、最初に聞かれたのは「いままで何人をクビにしたことがあるか?」という質問でした。この質問からも、国際NGOの求める人材がマネジメント層であることがおわかりでしょう。

◆寄付文化のない日本

国際NGOと日本のNGOでは資金の規模がまったく違います。僕が在籍していたプラン・インターナショナルや、CARE、World Vision、Save the Childrenなど、大規模な国際NGOでは、一つの団体で年間に数百億円の募金収益があります。こうした大手NGOの多くは、各ドナー国に募金だけの専門機関を設けている。それを本部に集めて、活動国に振り分ける。一方、日本国内のNGOは、全団体をあわせて数百億円という規模で、そのほとんどを、日本に進出した国際NGOの日本支部か、財団法人日本ユニセフ協会など、NGOの体をしているが国連の活動のために民間資金を集める団体が占め、日本のオリジナルなNGOはジリ貧状態です。

日本のNGOは別にして、待遇の面でも、仕事のやりがいの面でも、大手の国際NGOは魅力的な就職先だと僕は思います。でも、国連職員になりたがる日本人は多いのに、国際NGOを目指す人はとても少ない。それは圧倒的に国際NGOの実態に対する認知度が低いからです。

認知されない限り応募しようという発想すら出てきません。こういう世界があるんだということを知らなかったら、優秀な人材の触手は向きませんよね。日本でNGOというと、どうしても清貧のイメージにからめとられてしまう。そういうイメージが先行するかぎり、一流商社でバリバリと働いている管理職クラスが、人生の転機の転職の選択肢として国際NGOを視野に入れることはないでしょう。

NGOの清貧イメージの流布には、日本のメディアのバイアスも大きい。彼らは、NGOを慈善団体としてしか報道しませんよね。発展途上国のためにこんなにいいことをしている人たちがいる、だから保護しなきゃいけないといった形ばかりで取り上げられる。日本のNGOはメディアにとっては保護の対象なんですね。一方、国際NGOのようなれっきとした職能集団は、食い扶持もしっかりもらっていて物語性もないから、なかなか報道されません。欧米のメディアにとっては、NGOは一般企業と何ら変わりありません。彼らはNGOが不始末を起こしたら、企業と同じように叩きます。

だからといって日本が遅れているとは言いたくありません。そもそも根っこの部分で、日本に「寄付文化」というものがない。日本のNGO業界は、過去四半世紀以上の間、これの定着に試行錯誤してきたのですが、もうあきらめたほうがいいのかもしれません。日本人は、とにかく、税金を払う以外に公共の目的のために自腹を切ることはしない。「お上」依存が骨の髄までしみついているのです。建国の歴史において国家という概念よりコミュニティの方が先に存在したNGO最先進国アメリカなんかを、そもそも目指すのが間違っていたのかもしれません。

しかし、日本でも例外的に寄付が集まる団体があります。

たとえば、日本のNGOへの民間寄付総額の大半を占める財団法人日本ユニセフ協会。ユニセフは国連の一機関であり官僚組織です。本来なら、その財源は国連加盟国の政府による拠出金によりまかなわれるべきだと僕は思いますが、財団法人日本ユニセフ協会を設立し、民間募金のマーケットに進出し、これが大成功。NGOの元祖ですが国連より古い赤十字社にも寄付は集まります。その他、皇室関係者を巻き込むNGOは何とかやっていけるようです。外国籍で日本に支部を置く名のある国際NGOは、日本で法人格を取得する際に、政府の元官僚たちを理事に迎え（無給であることが多いので一概に「天下り」とは言えません）、それをさかんに広報します。

つまり、これら例外的なものをとっても、やっぱり日本人は「お上」指向のようです。天下りは肩身が狭くなった今日この頃ですが、元官僚の名を理事に連ねるNGOは減っていない。NGOの意識の方が世間より遅れているのかもしれません。

◆日本のNGOにアカウンタビリティなんかいらない

資金を集めづらい日本のNGOはどうすればいいでしょうか。発展途上国の側のニーズから見れば、NGOの活動が飽和に達するということはありません。アフリカをはじめ、貧困も紛争もなくなるどころか増えています。でも、資金が調達できなければ、活動はできません。そこがジレンマです。ドナー層を広げるにも、貧困や紛争の現実を周知させるためには広報や宣伝にお金を投じなければいけない。だから、大々的な広告を打てる余裕のある国際NGOに、募金が集中しやすい傾向はどうしても出てきます。

もともと寄付文化のない日本においては、NGOが増えても、パイを食い合うだけという状況になっています。だから日本では、どんどん増えたほうがいいとは言いづらい。民主主義という観点からも、市民社会の代表であるNGOコミュニティが強くなるのはいいことに決まっていますが、このまま数が増えてもジリ貧になるだけです。増えてもいい状況があるとしたら、それこそ天才的なイノベーターが現れて、日本の寄付文化を一新するという状況の到来を待つしかありません。

僕は『NGOとは何か』（一九九七年）という本を書いたときに、NGOにもアカウンタビリティ（説明責任）が必要だということを唱えました。欧米の国際NGOでは当たり前ですが、ドナーに対しての説明責任をきちんと果たすべきだと。

なぜそれを声高に言ったかというと、説明責任をしっかり果たせば、日本のドナー層は広がると考えていたからです。今まで日本人がお金を出さないのは、NGO側が説明責任のシステムを作ってこなかったからだと。組織の素性や実績を目に見える形で証明できるようなシステムがある団体には、日本人だってお金を出すと思って、アカウンタビリティの必要性を主張しました。

その後、阪神・淡路大震災を契機にボランティア活動が法制化され（非営利団体の活動を支援するためのNPO法）、日本NPO学会までできて、誰もがアカウンタビリティを言うようになった。アカウンタビリティは、もうこの業界には定着したと言えるでしょう。

で、寄付は増えたか？　いや、そうはならなかった。少なくとも、僕の周りを見る限り、国際協力に従事するNGO業界では、アカウンタビリティを高めても日本の寄付文化には何の影響もなかったと思います。

日本のNGOにアカウンタビリティを要求するのは、既に体力が段違いの国際NGOと、同じ土俵で勝負せよと言っているに等しい。アカウンタビリティに対する意識が、ドナーの潜在層に定着していって、それが仮にドナーのパイを広げても（現実、広がっていませんが）、国際NGOが独占するだけでしょう。日本のNGOには、ドナーが特別な愛国主義に駆られない限り、絶対に恩恵はない。日本のNGOにとって、アカウンタビリティ意識の高揚は何のメリットもないのです。

その一方で、アカウンタビリティという言葉だけがひとり歩きしてしまって、NGOの活動に枷《かせ》をはめるような状況も生んでしまったと思うのです。アカウンタビリティを求めるのは、ある意味で「まじめにやれ」ということですよね。最初から優等生になれと。

しかしNGOは、時に破天荒な連中がやったほうがいいのではないでしょうか。だいたい、今は安定している大手の国際NGOだって、最初はゼロから、風変わりな若者たちがワイワイやって始めたものもある。いわばベンチャーみたいなものです。最初からアカウンタビリティなんて言っていたら破天荒な起業精神が萎縮《いしゅく》しちゃう。日本のNGOが活性化するには、今までにないアイディアの部分で頑張るしかないと思うのです。安定期に入った外国籍の国際NGOと同じ土俵で勝負しても意味がない。アカウンタビリティなんてクソ食らえで、世間を驚かすようなことを仕掛ける。

この章の冒頭で紹介したように、途上国の国策にまで影響を及ぼし、経費率や援助効率を競争する国際NGOと同じ世界で勝負するなんて、日本のNGOはもう最初から考えない方がいいと思います。

他人の貧困問題でベンチャーなんて不謹慎に聞こえるかもしれませんが、現場で被援助者を対等なビジネスパートナーとして捉え、ベンチャーとしての事業を立ち上げるノリで「商品」を開発したらどうでしょう。貧困の所有者と一緒なら「悪巧み」しちゃってかまわない。彼らの了解があるなら経費率なんて気にしない、気にしない。もっと山師になりましょう。もともと、感情論が支配する業界です。ドナーは「失敗」は許す。だから、その「甘さ」にもっと甘えて、弾けちゃってください。しょせん、スキマ産業です。

まとめ

NGOとは何か

①NGOをはじめとする国際協力は、「貧困」を商品とする一つのスキマ産業である。

②国際協力産業は、「貧困」を根本的になくす世界変革を目指さない。
③国際NGOに必要な人材は、リストラできるマネージャーである。
④発展途上国には技術も人材もある。それをマネジメントするのが国際NGOの役割。
⑤日本では、欧米流の「寄付文化」は今以上に成長しないし、既に国際NGOに独占されている。
⑥日本のNGOは、国際NGOと同じ土俵で闘ってはいけない。
⑦欧米流のアカウンタビリティなんてクソクラエ。
⑧ベンチャー精神で、「貧困」の所有者と一緒に「業」を起こせ。暴れろ。
その時のNGOは、もはやNPO（非営利組織）ではないかも。

第二章

国際協力ボランティアという隠れ蓑《みの》

現地社会では地域ボランティア活動は当たり前のこと。改良型トイレを自力建設しているところ（シエラレオネ・ボンバリ県、1990年ごろ）．

最近は、若い人にも中高年の人にも国際協力ボランティアが人気です。国際協力ボランティアには、難民救済、農業や漁業の技術指導、井戸掘りや上下水道建設、保健衛生や医療援助など、さまざまな種類の活動があります。旅行日程のなかに、現地でのボランティア活動を組み込むようなツアーも数多くあるようです。

しかし、こうした国際協力ボランティアは、本当に「ボランティア」と呼べるのでしょうか。この章では、青年海外協力隊や国連ボランティアなどを取り上げながら、ボランティアという言葉が、もともとの意味を離れてひとり歩きしてしまっている実態について考えてみたいと思います。

1　国際協力ボランティアの聖域化

◆ボランティアが「ありがた迷惑」になるとき

語源的に「志願兵」の意味もある「ボランティア」を厳密に定義するのは難しいのですが、ここでは「自発性や無償性、善意に基づいた活動」程度に考えておきたいと思います。そして、僕は国際協力の立場から「ボランティア」を見てきたので、日本国内の地震などの時に被災者を助けるボランティア活動など、本当に目の前で苦しんでいる人たちに無償で個人が手を差し伸べるものに対して、これから展開するボランティア批判がどれだけ当てはまるかわかりません。しかし、国内のボランティア活動にも、偽ボランティア（ボランティアと偽って被災地に入って窃盗行為やお金をとるもの）の問題が話題になったように、「善意性」というのは非常に曖昧《あいまい》なものであり、悪用される恐れもある。

それと、ボランティア活動が、それを受ける人々にとって本当にありがたいものであったのに、いつの間にか「ありがた迷惑」になっていくこともあるでしょう。「遠路はるばる来てやったのに」というようなボランティアのエゴが鼻につきはじめる状況です。

この辺の境界線の問題は、どこまでやっちゃうと単なる「おせっかい」になるのかが自然にわかる感性が共有されていれば、ある程度緩和されるのかもしれません。その感性は、やはり、日本国内、なるべく近場で、同じ生活環境を共有している人々どうしのボランティア活動の方がより自然に発揮されやすいのでしょう。

ボランティアとそれで救済される側の間の距離感、もしくは「共感能力」の発揮とでもいいましょうか。自分のボランティア活動が、相手にとって精神的負担になっていると感じたら即座にやめ、元の生活に帰る。その帰る時の手間は小さければ小さいほどいい。すぐに帰れる余裕があれば、ボランティア活動に対して「こだわり」も生まれない。結局、その「共感能力」の有無は「距離」がかなり関係してくるのではないでしょうか。「遠くからはるばる自腹を切ってきたのだから何もせずには帰れない」とか、移動にかかった手間、旅費のコストを、施しの至福感で回収しようとする意識が「遠路ボランティア」には必ず生まれるでしょうから。「距離」のコストが高くつくボランティアほど、ありがた迷惑ボランティアになる可能性がより高くなると思うのです。

その意味で、距離も格段に遠く、それも異国の異文化の環境ということで「共感能力」の発揮が最も難しいボランティアの形態が、遠路ボランティアの極致、国際協力ボランティアだと思います。

◆「国づくりへの貢献」という侮辱

国際協力ボランティア。よく目にするキャッチですね。

ボランティアとは、最初に僕なりに定義したように「自発性や無償性、善意に基づいた活動」、だから「尊い！」と。「国際協力」というものを全般的に神格化するイメージ戦略が、このキャッチにはあるように思います。

しかし、遠路ボランティアの極致、国際協力ボランティアが、「善意」には基づくかもしれませんが、「自発性」や「無償性」を維持できるか？　いや、人々を海外に送るのに手間と費用がかかり過ぎます。それも大勢となり、税金を使うとなると、「制度化」しなければならない。つまり、国が遠路ボランティアを奨励する場合、国策となる。

それが、ＪＩＣＡ（国際協力機構）の青年海外協力隊です。

僕はかつて『ＮＧＯとは何か』という本のなかで、青年海外協力隊のモデルとなったアメリカの平和部隊（ピース・コー・ボランティア）を強い口調で批判したことがあります。というのも僕自身、シエラレオネで仕事をしているとき、平和部隊ボランティアと、ちょっと問題を起こしたことがあったからです。

アメリカの平和部隊の隊員は、現地政府の役所や関連施設などに配属されます。ところが受け入れ側だって、財政はおろか治安も不安定なため、彼らにかまっている余裕はない。そういう状況で、良心的な隊員が僕のＮＧＯ事務所のところにやってきたので、個人的な同情心から受け入れました。ところが、これを平和部隊本部は、「ＮＧＯ側から派遣要請があったため、泣く泣く配属替えをした」といった表現で広報した。事実は完全に逆ですから、僕は猛烈に抗議をしました。その部分を抜き書きしてみます。

こちらの要求はこうだ。

現地政府がそれらのボランティアを持て余しているということをまず、平和部隊本部自身が認識すること。

だから、平和部隊本部自身がボランティアの配属を正式に私の事務所に依頼しなければならないこと。

それには、私が直接、契約書にサインすること。

私の事務所がボランティアを受け入れる動機は、こちら側の必要性ではなく、将来国際社会で活躍する「アメリカ側の」人材の教育への貢献と、文化交流のためである。これを平和部隊本部が理解すること。

一旦引き受けたボランティアは、私の事務所によって厳格な、そして定期的な勤務評定を受け、その勤務態度が監視されるべきこと（私の現地スタッフに、倫理的な悪影響を及ぼしてもらっては困るから）。

その顚末《てんまつ》や後日談については『NGOとは何か』に譲りますが、当時から僕は、平和部隊や青年海外協力隊の意義は、人材教育と文化交流として見ていた。これが偽らざる現場の本音です。

それを「国づくりへの貢献」などというのは、発展途上国の人々に対する侮辱もいいところ。「貧しい国のために良いことがしたい」という個人の動機を責めるつもりはありません。しかし一九九〇年代当時のJICAの広報の仕方というのは、あたかも現地に何も知性が備わってないから、日本人が行かねばならないというメッセージが濃厚にありました。そういう広報の仕方はおかしいんじゃないか、というのが僕の意見でした。

このことはNGOにも言えます。「国際協力ボランティア」というコピーに便乗した形で、日本人自身が行かねばならないといった風潮が日本のNGOに少なからずあった。だけど、再三説明したように、現地で働く人材まで日本から連れていく必要性はありません。僕は国際NGOに在籍したから、そのことを痛感していた。欧米ではずっと前から、現地の人材の活用を考えているのに、日本では、自分たちの財政すらあやういNGOでも、「まずは日本人が行かなきゃならない」なんて話になっている。それはおかしいんじゃないかと思い、その象徴がＪＩＣＡの青年海外協力隊であるということで批判したのです。

◆青年海外協力隊はボランティアではない

青年海外協力隊は、外務省所管の独立行政法人ＪＩＣＡの事業で、この組織が「自分の持っている技術・知識や経験を発展途上国の人々のために活かしたい」と希望する青年を海外に派遣します。派遣期間は原則として二年間。でも、二年間無収入なわけじゃありません。応募要項や待遇を見ると、現地の生活費や住居費、往復渡航費が支給されるほか、無給休職や無職の人には、派遣期間と派遣前訓練期間について、国内積立金が支給される。フリーターや非正規雇用の労働者に比べれば、青年海外協力隊なんてれっきとした「定職」です。募集も、農林水産部門、加工部門、保守操作部門、土木建築部門など、職種別に行っています。ところが、公式サイトを見てもわかるように、青年海外協力隊はボランティアとして宣伝されていて、社会的にもそのように認知されている。

実質を考えればボランティアでない活動に、ボランティアという言葉をあえて使うのは、戦略としては、ちょっと見え透いています。しかし、官僚の発想からすれば、税金の使い道を国民の批判の目から遠ざけるには、疑問を差し挟む余地のない「聖域」を演出するのが一番いい。

第一章で紹介した僕のシエラレオネでの経験でもおわかりになるように、欧米では高度に職能化した国際NGOの活動は、各国のODA（政府開発援助）や国連の活動と比べても「援助効果」において匹敵、もしくは凌駕《りょうが》するものです。青年海外協力隊制度とは比べるまでもありません。国際NGOと青年海外協力隊では、人材派遣の質においても違いは歴然としているのです。

国際NGOの人材派遣とは、いわばプロジェクトのマネージャーを派遣するわけですが、青年海外協力隊員は各分野の専門家や技術者を派遣します。だから派遣される人数も当然膨れ上がります。そして、彼らへ支給する額や現地の活動費などを足し合わせると、相当な金額にのぼります。

しかし、青年海外協力隊は採算性なんて度外視です。そこに投じられるお金を使って、国際NGOのようにきっちりと費用対効果を考えて活動したら、ものすごい成果をあげられるのに。もちろん外国人スタッフなんて必要なくて、人材は現地の人を使えばいい。だから、そもそも日本人が途上国に行って活動すること自体が、たいへん援助効率の悪いやりかたと言わざるをえません。この延長にあるのが、日本のODA政策の主軸のひとつ、「技術協力」を独占するＪＩＣＡの「専門家」派遣です。

こういう人材派遣を伝統的に主軸に据えてきた日本のＯＤＡの世界では、「現場主義」が掲げられてきました。つまり、日本人が現場に入って、現地語を習得して現地の人と一緒に汗を流す。そうすれば、途上国の人々に開発・発展に対する姿勢を伝授し、息の長い影響を与えうる――こんな言い方がされてきた。ほとんど精神論の世界ですね。「援助効果」をめぐって業界内の熾《し》烈《れつ》な競争をする国際ＮＧＯの視点から見ると、非常にべたべたとした、そして第一章で言ったように、途上国を愚《ぐ》弄《ろう》している発言としか思えない。

それに、日本のＪＩＣＡを中心とする政府の国際協力（ＯＤＡ）のもう一つの得意技は、「ハコモノ」。つまり、インフラ建設で、日本のＯＤＡが得意分野としてきたものです。

日本国内でも、建設業界というのは汚職と談合の世界。鳩山政権のキャッチフレーズは「コンクリートから人へ」でしたが、そのぐらい「ハコモノ」行政は税金の無駄の象徴として認識されています。

これとまったく同じことが途上国で行われるのです。その「灰色度」は推して知るべしです。国際協力というのは、もともと、どんなに取り繕っても灰色の世界なのです。

その中で、「日本人が汗を流す」というイメージを強く打ち出して、国際協力を精神論の世界にブランディングしたい。だから、「ボランティア性」をその広報戦略の中心に据える。しかし、国際協力という概念にボランティア性を刷り込むことは、国際協力に本来求められる職能性を脱色させる作用も起きてしまいます。

昨今では、ついに、この「聖域」にも、「事業仕分け」の手が入るようになりました。青年海外協力隊制度に限らずODA全体にたいしては、これからもっと、その「援助効率」「援助効果」を国際NGOのレベルにまで高めるべく、日本の納税者の監視の意識が高まればいいと思います。その結果、「援助効果」を高めながら、逆にODA予算が削減できるかもしれません。いえ、そうしなければいけません。そのためには、国際協力を神聖化してはいけません。「ボランティア」でないものを「ボランティア」と言う見え透いた広報戦略は、もうやめさせなければなりません。だって「ボランティア」じゃないんだから!

2　安価な労働力としての、国連ボランティア

◆国連ボランティアとは何か

ボランティアという言葉がひとり歩きしているのは、何も日本だけに限ったことじゃあり

ません。国連ボランティア（ＵＮＶ）というものがあります。

国連ボランティア計画とは、現場のさまざまな国連のミッションに必要とされる職務に、それに見合った人材を即座に探し、最短時間でその現場に送り込む制度です。もちろん、期間限定で、雇用の継続の保証はありません。その典型的な仕事はＰＫＯミッション（国連平和維持活動）への配属です。

ある国で紛争が起こります。紛争が国を破壊し尽くし、多くの人命が奪われる。遅まきながら、国際社会が警鐘を鳴らし始めると、国連安全保障理事会が紛争解決のための方策を模索し、ＰＫＯの形成を決めます。放っておけばまた何が起きるかわからない状況に、時には総勢一万人を超すＰＫＯミッションを送るのですから、時間との勝負です。世界中から人材をかき集めるわけです。国連にとって大きなチャレンジです。

ＰＫＯというと、ＰＫＦ（国連平和維持軍）という軍隊の派遣が表に出がちですが、そうではなく、文民統治という名のもとに、その時の政治状況に応じてＰＫＦを導く政務・民政部門が必要です。さらにカンボジアや東チモールのケースのように、ＰＫＯそのものが紛争後の暫定政府の運営に関わる場合には、行政を担う民政官や医療、土木、教育、緊急援助などの専門家が多数必要となります。

このような政務・民政におけるニーズに、迅速に対応するのが国連ボランティアのシステムです。ドイツのボンに本部を置く国連ボランティア計画は、現場の要請から三〜四週間以内の派遣を謳《うた》っており、はっきり言って、国連のPKO活動は国連ボランティア抜きでは成り立ちません。

◆国連正職員との待遇格差

一九九八年に国際NGOの仕事をやめて日本に帰国した後、僕は、国連東チモール暫定統治機構（UNTAET）と国連シエラレオネ派遣団（UNAMSIL）という二つのPKOミッションに幹部として赴任しました。幹部ですから、このときの僕には人事の権限があり、国連正規スタッフも含めて国連ボランティアたちを部下として使う立場でした。

東チモールでの僕の肩書は「国連東チモール暫定行政機構上級民政官」。長ったらしい肩書ですが、ここで僕は東チモールにある十三県のうちの一つの県で知事を任されました。僕の県で活動する多国籍軍兵士以外の行政官や政務官の約半分は国連ボランティアでした。

正規要員と国連ボランティアたちとの待遇と地位の格差は歴然としています。たとえば、PKOでの業務は、内戦後のインフラが破壊された状況で生活を強いられることが多いから、現地支給の現金でどんな過酷な環境にも対応しろというユニークな日当支給制度があります。正規職員には、通常の基本給に加えて、その状況の危険度、困難度に応じてこの生活日当が現金支給される。しかし国連ボランティアの日当は、ずっと安い。ミッションによって変動がありますが、当時の東チモールで月収として換算すると、ざっと合計して二十万円ちょっと、ぐらいでしょうか。

ＰＫＯというのは、危険と隣り合わせの業務ですから、兵士とともに必ず犠牲者が出ます。死亡時における国連指定の保険金も、正規要員に比べて低い。

こんな条件だから、なり手が少ないかというとそうではありません。たしかに先進国の人にとっては、ＰＫＯという危険な業務で月収二十万円は割に合わない。でも、発展途上国の出身者にとっては十分魅力的な収入で、競争率はかなり高いのです。一般的に言って、危険度の高いＰＫＯミッションには、発展途上国の中でも決定的に貧しいアフリカ人の数が多くなる印象があります。東チモールでも、僕の県は当時いまだ戦闘が行われていて一番危険な地域でしたが、国連ボランティアの半数以上はアフリカ勢が占めていました。彼らは、派遣されてからも、現地の生活をさらに切り詰めて日当からせっせと故郷に仕送りをするのが普通です。

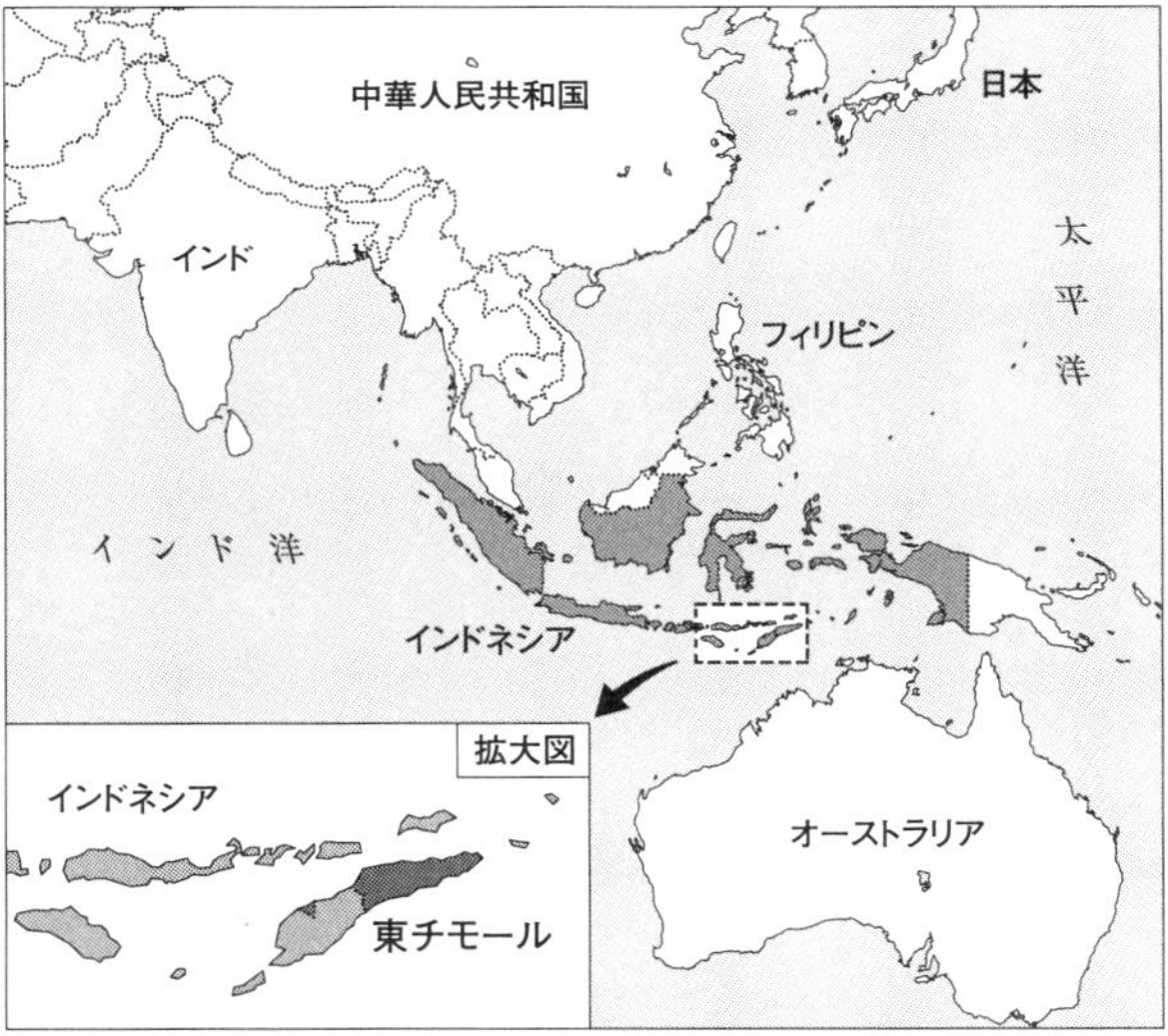

東チモールの位置

国連東チモール暫定統治機構時代の筆者。ＰＫＦ武装ヘリで移動中（東チモール、2000年ごろ）

こういう状況ですので、現場では正規要員と国連ボランティアの身分はカースト制度のように違うのに、国連ボランティアの方が経歴も能力も勝ることが普通に起こります。

これら有能な発展途上国出身のボランティアたちは、国連ボランティアという身分を国連正規要員への登竜門として明確にとらえています。日本のように、外務省が国連正規要員への日本人枠を作ってくれるような（外務省主催のＪＰＯ——ジュニア・プロフェッショナル・オフィサー制度）甘やかされた環境ではありません。とにかく非常に限られた「ボランティア脱出」のための機会を虎視眈々《こしたんたん》と狙っているのです。

さらに、国連ボランティアには、老練の猛者《もさ》たちが集まります。政治的な理由で国に帰れなくなった外交官や官僚が、藁《わら》をもつかむ思いで応募してくる。僕のＵＮＴＡＥＴでの任務は暫定行政府の県知事でしたが、政治分析の政務官として僕の下に派遣された国連ボランティアは、政治不安が続くアフリカのある国の国連大使まで務めた人物でした。こんな人材が、給料ばかり高くて経験も能力もずっと劣る正規要員と一緒の現場で働くのです。

◆国連の犠牲者

ＵＮＶのＶをもじって、「UN Victim（国連の犠牲者）だ」という言い方は、現場のボランティアたちの間でよく聞かれたものです。自分たちの努力、そして実際に現場でこなさなければならない責任と、他の国連正規要員と比べると格段に劣る待遇の格差を嘆くものですが、国連ボランティア計画が謳《うた》いあげる「ボランティア主義」とのズレを象徴しています。

その待遇格差は、当のボランティアたちにとっては、ボランティア主義を表に出し、経費を安くあげる国連側の勝手としか映らないのです。国連側にとっては「真のボランティア主義」を広める崇高な組織的意図が建前上あるのでしょうが、とにかく国連PKOのようなニーズに対応するには、正規の職に就いていない流動的かつ低賃金な人材をボランティアとしてプールしておくことが必要という事情があります。

「ボランティア主義」とは、その業務に対する個人の発意に基づくもので、その真意が百パーセント発揮されるには、彼らには組織的な「縛り」をかけないのが筋でしょう。だから、基本的にボランティア本人たちの発意が高揚される職務「以外」のものを与えるべきではないし、ボランティアたちが発意に反して「我慢」を強いられるような環境を作るべきではありません。

組織内での「出世」とは、出世したいという個人の動機を逆手にとり、組織への忠誠をたくみに醸成させる仕組みであり、ボランティアとは、そういうしがらみから解放されているのが本来の姿でしょう。だからこそ、組織は過大な期待を「責任」という形でボランティアたちに与えないのが筋です。

◆必要悪としての縁故主義

しかし国連ボランティアたちは、たとえ縛りをかけられても「我慢」する。発意が発揮されない環境になっても「我慢」。ボランティアの自由を体現する「ボランティアを辞める勝手」が発揮できない。生活がかかっているから、ボランティアといいながら「我慢」するのです。

国連ボランティアには、僕には理解しがたい「縛り」が存在します。国連ボランティアは、ミッションによって違いますが、基本的に六か月ぐらいの短期契約とその継続更新が原則です。でも、一つのポストの契約中に、別の国連PKOの国連ボランティアポストへ異動することはできません。契約完了時でも、別のポストに移る時には、いったん自分の国に帰り、そのポストへの再応募という形でしか、異動は実現しません（正規要員であれば、「上司」間の合意があれば、異動はいつでも可能です）。

これは、どうも「上司」の異動に伴う「縁故主義」に対抗するための措置らしい。ボランティアにとって発意の発揮できる環境とは、ほとんどその直属の上司によって決まるといって過言ではありません。その上司が異動になった場合、気心の知れた部下を伴いたいというのは人情であり、部下であるボランティアにとっても、経験するポストの数を増やすのはキャリア的にいってもよいことだし、好きな上司の下で継続的に「ボランティア精神」を発揮したいでしょう。しかし、「組織」にとっては、一人の「上司」の異動に伴い部下までも異動してしまったら、引き継ぐ次の上司にとってたまったものではないから制限を加えるのでしょうか。

異動に伴い、気心の知れた部下も連れて行きたい、というのは、唾棄《だき》すべき「縁故主義」以外の何物でもないのですが、一概に非難はできません。国連PKOというのは、短期決戦の世界です。短いものだと三か月おきぐらいにその成果が国連安全保障理事会で問われ、とにかくできるだけ短期間でそのミッションを完成させて撤退を考える。だから、「上司」にとって新しい部下との人間関係の構築の暇《いとま》を惜しんで、気心の知れた者を呼び寄せるということになる。こうして国連PKOの世界でも悪名高き縁故主義が維持されていくわけですが、そういった必要悪の面もあるのです。

◆国連は「ボランティア」の旗を降ろしたほうがいい

しかし縁故主義の恩恵に浴するにも、正規要員が断然有利。国連ボランティアがそのボランティア的な自由な発意を維持したり、時には防御したりするために試みる異動にも制限が与えられているのが現状で、これはほとんど「拘束」に近いものです。

国連ボランティアというシステムが、国連ＰＫＯを背骨として支えているのは事実で、その「卒業者」たちが正規要員となって、まったく脆弱《ぜいじゃく》な、国連ミッションの全体的な質をなんとか維持するのに決定的な貢献をしています。しかし、ボランティアたちが働く現場では、ボランティア主義は、微塵《みじん》もその姿を現しません。それは過酷な競争で、封建的な身分社会のようなものでもあります。そもそも、富める国、貧しい国からの人材を、同じ待遇で一律にボランティアとしてくること自体に無理があるのかもしれません。だから、"V"olunteerが"V"ictimになってしまう。

ボランティアが、正規職の下部組織と認識された時点で、もはやボランティア主義は崩壊しています。一番いけないのは低賃金で人を雇いたいという経済的な理由をカモフラージュするために、ボランティア精神を鼓舞することです。実質、国連正規職員への登竜門になっている現在の状況をこのまま維持するなら、ボランティアの旗を下ろし、単なる「見習い制度」として位置づければ、非常にすっきりします。

しかし、そういう見習い的な人材に混じって、本当に高度な特別の経験と技能を持ち、彼らが正規要員よりもいち早く現場に派遣されることで、国連活動の硬直した官僚体質をかろうじて補っているのは事実です。だから、そういう高度な職能人については、もっと誇り高い別の名前と待遇を用意するべきです。少なくとも、殉職時などの保険金は、その崇高な意志を称《たた》え、正規要員よりもずっと高額なものを用意すべきです。

国連ボランティア計画は、これらを根本的に見直すことが必要です。ボランティア主義のこれ以上に歪曲《わいきょく》を防ぐためにも。

3 「ボランティア精神」か、「職能」か

◆青年国内協力隊から出発せよ

ここまで、いろいろと「ボランティア」を批判してきました。でも、誤解のないように申し上げますが、僕は「ボランティア」そのものを否定しているわけではありません。「善意」が十分に発揮でき、活動をやめることが相手にとっても自分にとって負担にならない

「距離」でやる分には、大いに奨励されるべきだと思います。

ただ、国際協力の文脈のボランティアは、「官僚組織」の不純な、ボランティア精神とおよそかけ離れた、組織の利害に利用される。これは納税者にとって、そして何より「ボランティア」にとっても不幸なことです。

青年海外協力隊の隊員たちを責めるつもりも全くありません。責めるべきはその制度でありますが、あれはあれで形を変えて残し、発展させるべきだと、実は思っているのです。

最近、大学で教職についているのですが、日本の若い人たちの、「国際協力」に対する関心の高さといったら、こちらが戸惑いを感じるぐらいです。これは、僕らの世代が若かった時にはなかった現象です。インターネットやその他のメディアの発展のせいかもしれませんが、とにかくすごい。この関心の高さに目をつけてか、学生の獲得にやっきになっている大学は、昨今こぞって「国際協力学科」などをつくりはじめたのですね。でも、今では乱立気味。だいたいそういうところに雇われるのは、今から四半世紀も前に日本のNGOの創成期を作った年寄り連中で、食えずにいたのを、このブームで救済された。ちょっと皮肉な状況なのです。

でも、こういう教育機関の対応が、今の若い人たちの意識がいかに高いかを物語っている。

意識だけでなく、行動を起こそうとうずうずしている。「イマドキの若者は」なんて、絶対に言えないですよ。まちがっても。

でも問題なのは、そういう学科を出ても、すぐ職には結びつかない。だって、食えないNGOをつくってきた戦犯たちが教えているんだもの。

こういう状況で、日本の若者にとっての選択肢は、公的な国際機関ということになりがちです。しかし、国連をはじめとした国際機関の職員になるためには、ある程度の実務経験が必要で、それを踏むチャンスが、日本人には本当に少ない。国連で働くためには、たいがい海外勤務二年以上ということが条件になります。欧米であれば、海外勤務二年というのは、大したハードルじゃない。たとえば途上国で英語やフランス語を教える機会もたくさんあります。でも、日本語を教わりたいというニーズは少ない。NGOにしても、新卒者に海外で実務経験をさせる余裕のあるNGOは、日本には圧倒的に少ないし、たいへんな競争率です。だから、昨今、日本人が国連や国際機関にエントリーするための海外実務経験を担保する場として、青年海外協力隊制度が機能している側面が確実にあるのです。

でも「ボランティア」の看板は下ろしましょう。「ボランティア」でなく、立派な「ヤング・開発エキスパート」として派遣するのです。でも、いきなり海外デビューなんてだめです。ちゃんとした国内での修業が大事です。今でも研修事業はありますが、発想を転換して、まず、日本の過疎村に実際に住み込ませて、村・町おこしをやらせるのです。二年間ぐらいみっちりと。要するに「青年国内協力隊」として機能させる。

「国際協力」のノウハウは、日本国内の「開発」と全く同じなのです。だいたい言葉のハンディがない日本で通用しないノウハウがいきなり海外で通用するわけないじゃないですか。こういう発想がなかったことが、そもそも間違っていたのです。

その村・町おこしはちゃんと地方自治体と提携して、本気でやる。アイディアが事業化したら、それに予算をつけてもいい。将来の国際協力のための日本の若者の人材育成、そして過疎村復興という直接的な国益を同時に実現するための大きな政策の枠組みを、総務省、文科省、外務省の縦割り行政を打破した提携の元、つくったらいいと思います。

◆NGOがボランティアから抜け出すとき

この章の最後に、NGOにとっての「ボランティア」を考えてみましょう。

第一章で書いたように、途上国で活動するNGOというものは、まだまだ十分ではありませんが、グローバル資本主義経済のセーフティネットとして機能しています。資本主義経済が弱者をつくり出している。それがあまりに深刻な問題になると、貧富の差が拡大しすぎて、システムそのものをおびやかしかねない。それを防ぐためのスキマ産業がNGOをはじめとする国際援助業界だということを説明しました。

とはいえ、NGOで活動する人間にとって、初発の動機はボランティア的なものだというのもわかります。NGOの多くは、世の中の現状をおかしいと思い、なんとかして変えたいという思いから活動を開始する。

あるいは、たとえば行政がとんでもない悪政を敷いていて、生存にかかわるような深刻な状況になるならば、住民は立ち上がります。この場合、別に誰かがお金を出してくれるわけでもなく、自分たちの生存のために立ち上がるわけだから、こういう住民運動は、人生をかけたボランティア活動です。自分が当事者じゃなくても、親戚や友人を救うために、もしくは、社会の一員としての「正義感」から現場に駆けつけ、行動を起こすこともある。

だからNGOにせよ住民運動にせよ、初志としてはボランティア的な発想が強くあるのは、ある意味当然のことです。しかし、活動や運動を継続的に維持するのであれば、何らかの組織が必要になり、そこには「責任」らしきものが生まれます。問題は、ボランティアは「責任」をどこまで負えるか、負うべきか、です。ボランティアは自発的な活動なので、いろいろなしがらみができても、本人が「やめる」と言えば、やめることができる。

でも、組織が大きくなり、大勢の人々を活動に巻き込んでいくと、全員がそれぞれの自由意志に任せるのでは立ち行かなくなっていきます。なんらかの統制が必要になってくる。そして、その統制を維持するために、管理職的な役割を誰かが担わなければならなくなってくる。その役割のいくつかは、「専従」の必要性も出てくる。

最初は、生活するため別の仕事を続けながら、ボランティアとして活動するのが普通でしょう。規模が小さいうちは、時間のやりくりができるかもしれませんが、運動が大きくなり、そういった「責任」を担うようになれば、そっちに時間がとられ、自分の定職をおびやかすような状況にもなってくる。

このへんから、ボランティアから始まった活動は、新しい局面をむかえることになります。まあ、NGOという「組織」は、だいたいこんなぐあいに発生するのです。その設立の動機は、何と言ったって、ミッション（＝使命）です。貧しい人々を救いたい、社会的弱者を助けたい――こういう使命感から運動や組織が立ち上がる。と同時に、活動が広がっていけば、組織としての体裁を持ちはじめ、「組織運営」という、当初のミッション以外の重要課題が生まれる。ミッションがあってこその組織だ。でも、組織がなければミッションは遂行できない。こうして、「組織を維持する」ことがミッションと同等の課題になりはじめるのです。組織の維持とは、つまり、お金です。

事務所の家賃や人件費など、いちど組織が動き出したら、かならず経費が発生するようになります。それがどんどん続くと、スタッフも専従が多くなり、組織の維持のために資金を捻出《ねんしゅつ》しなければならない状況になってきます。健康保険などの福利厚生まで考えなければならなくなってくる。本来ならば、運動というものは、そのミッションが達成されたならば、自然解消するのが理想なんでしょうが、そうはいかなくなってくるのですね。

◆「無償」「清貧」戦略の失敗

NGO活動は市民社会の代表ですから、社会からの寄付で成り立つべきです。寄付をする側から見ると、その活動の目的に賛同するから寄付する。それはそうでしょう。しかし、その目的に賛同しても、その活動をどういう人間たちが動かしているかが、寄付を最終的に決める重要な要素になるのではないでしょうか。「職能」という言葉を既に使いましたが、ここで、こういう人たちのそれが、社会の中でちゃんと認知されていれば、NGOのステータスがボランティアに毛の生えたものから、もっとちゃんとしたものになるのではないか。もっと寄付も集まるのではないか。こう考えるのは、ほとんどフリーターのような境遇で生活している日本のNGOにとって当然であり、実際、ずっと悲願でもありました。

自分たちの専門性が、欠くべからざる一つの「職能」として社会に認知されたい。だから、人目を引くために人道主義などのキャッチが必要だった。同じ理由で、「ボランティア性」も捨てきれない。「無償」「清貧」というイメージにすがりたいからです。でもそれは「職能」を目指したい本心と矛盾する。「清貧」さで自己主張する限り、ドナーはボランティアへの支援以上のものは出さないのがわかっていても、でもやめられない。

それに日本は「お上」社会です。JICAや国連職員など「官」の職能が既に存在し、それらは税金によってなりたっている。納税の他に市民に身銭を切らせる「別の職能」がなぜ必要なのか？　前章の「寄付文化」のところでも触れましたように、日本社会の特質を考えると、これを日本の納税者に理解させるのは、もうほとんど不可能だと思います。

◆日本のNGOは「職能」にしがみついてはいけない

「職能」ってなんでしょうか？

誰が、どうやって社会に認知させるのでしょうか？

認知は自然発生的に生まれるものなのでしょうか？

僕が学生時代学んだ建築の世界の話になりますが、建築家とは、医者、弁護士にならんで、西洋では最も古い職能の一つだったようです。日本では「建築家」という職能よりも、「一級建築士」「二級建築士」みたいな国家資格試験を通らないと仕事ができない。教員にも教員試験がありますね。弁護士も、医師も、国家試験です。社会福祉の分野でも社会福祉士という国家試験があります。

ＮＧＯに「職能」としての認知が必要だとして、それって、やはり国家が試験みたいな形で承認するのでしょうか。日本人の「お上」指向を考えると、それしかないようですね。でも、それって、市民社会にとって一つの敗北ではないのでしょうか？　もしＮＧＯが市民社会を代表するのであれば。そもそもＮＧＯは「非」政府組織なんですよ。国家権力から「職能」を与えられていいのか！（ちょっと興奮してすみません）

ＮＧＯはその存在意義を国家に委ねてはだめでしょう。

一方、ＮＰＯ法ができてから、それまでほとんどが「任意団体」であった日本のＮＧＯは、こぞってＮＰＯの認定に殺到しました。公的な認証があれば、寄付が多く集まるという幻想のためです。でも、ＮＰＯ法ができたって、日本の寄付文化が変化したわけでない。

僕が一番問題だと思うのは、この認証を受けることによって、NGO＝NPO、つまりNGOは非営利、金を儲けてはいけない、という暗黙の縛りを自らかけてしまったことです。それと、NPO認証を受けることは、組織内部の情報開示の義務を負うことですので、これは、市民運動の統制を国家権力がやりやすい環境をつくってしまった。

限りある寄付文化のパイは国際NGOに食い尽くされ、それらの職能性を真似ればパイにありつけるかも、と「アカウンタビリティ」やNPOという「お上」の認証を身にまとい優等生ぶっても成果があがらず。結果的にジリ貧のまま、「お上」からの統制は増大した――。

もう、そろそろ、こういう現状の打破を本気で考える時期にきていると思います。日本のNGOよ。思い切って、NPO認証を返上することから始めませんか。そして、そこで働く人は、「職能」としての安定を目指すことをもうあきらめましょう。

じゃあ、どうするか。

「商品」で勝負しなきゃ。前章で言った「貧困」という原資の所有者との「商品」開発です。つまり、今まで被援助者と位置づけられた人々を対等なビジネスパートナーと見据えた「金《かね》儲《もう》け」。そして、新しい「商品」をつくりつづける。アイディアが尽きたら、そこでおしまい。解散。これでいいのです。

職能としての安定を目指すなんて、そもそも発想が官僚的です。民間企業にはそんな甘えはないはずです。ＮＧＯが目指すべきは、弱肉強食の「商品」開発。ＮＧＯは「非営利」ではなく「営利」を目指すべきです。一攫千金《いっかく》を目指してください。

ここまで言うと、具体的な「商品」の例を言ったらどうだと、みなさんは思うでしょうね。一例としては、フェアトレードがあります。

アジア、アフリカなどの貧困層が作り出す民俗感あふれるものを、中間搾取なしにフェアな取引で先進国の購買層に届ける。それも、「説教じみてなく」、「商品」として立派に購買意欲をそそるデザイン、質をキープする。社会的意義があるけど、それを差し引いても十分カッコいい「商品」。People Tree (http://www.peopletree.co.jp) なんか、いいですね。

僕は、「コーズ・リレーティッド・マーケティング Cause Related Marketing (CRM)」というものにも、「ＮＧＯ≠ＮＰＯ」の可能性を見ています。一言で言うと、地球や社会の問題に自社のブランドやサービス、商品を関連づけてキャンペーンするマーケティング手法のことです。そこから出た収益でその問題に対して支援もするし、営業利益を上げてもかまわない。その具体的な可能性については、僕の教え子の一人が最近出版した『世界を救うショッピングガイド Causebrand Handbook』(野村尚克著) を参考にしてみてください。

まとめ

ボランティアとは何か

①国際協力ボランティアは、国際協力を聖域にしたい「お上」の戦略として機能している。

②青年海外協力隊は、賃金をもらえる職業であり、ボランティアではない。

③国連は、危険な現場へ、短時間に、低予算で、危険な現場へ人材をかき集めるために、「国連ボランティア」を使ってきた。

④日本のNGOは「ボランティア」イメージを自ら流布することで、集金能力を失ってしまった。

⑤青年海外協力隊は「ボランティア」の看板を捨て、まず日本の村おこしをやれ。

⑥NGOがNPOになることは、市民社会の衰退。営利を目指せ。

第三章 国連というジレンマ

国連シエラレオネ派遣団における武装解除のようす。投降に応じた部隊の兵士は登録後、自ら慣れ親しんだ自動小銃にハンマーを入れる（シエラレオネ・カイラフン県、2001年ごろ）

「国連職員」と聞くと、とても有能でエリートな感じがします。実際、国連で働くことを目指して、NGOや青年海外協力隊などで経験を積んでいる人も少なからずいます。

でも、国際貢献業界のなかで長年身を置いてきた僕から言わせると、国連はそれほど心躍る魅力的な職場ではありません。

果たして国連は、世界平和を実現できる有能な組織なのでしょうか。国連の体質、NGOとの関係、安全保障理事会の問題点などを検討しながら、国連という組織が抱えているジレンマを説明したいと思います。

1　国連という官僚組織

◆費用対効果を考えない国連本部

高校の政治・経済の教科書などには、たいがい国際連合のしくみの図が掲載されています。それらを見るとわかるように、国際連合は、総会、安全保障理事会、経済社会理事会、信託統治理事会、国際司法裁判所という六つの主要機関から構成されています。同時に、非常に多くの補助機関や国連と密接な連携を取っている専門機関もあります。

国連はそういう個々の機関の集合体ですから、一つの人格としてまとまった組織ではありません。たとえば、UNICEF（国際連合児童基金）や緒方貞子さんが務めたUNHCR（国際連合難民高等弁務官事務所）は、国連機関ではあるけれど、独立性が高い。でも、「体質」はあります。それは国連はあくまでも官僚組織だということです。民間組織の論理では決して動きません。

第一章で紹介したような国際NGOであれば、ドナーからいただいた貴重なお金をどう効率的に使うかということを考えます。ところが国連は、費用対効果なんていう意識は一切ありません。

官僚文化は、何か起こった時に個人ではなく組織全体で責任をとる。官僚の世界に限らず、民間営利組織だって、国際NGOだって、組織が巨大になってくると、「官僚的」になります。つまり、組織のミッションより、それぞれが保身に走る人間達の集団の維持が目的になってくるのですね。特に、国際協力の世界では、「本部」と「現場」という構図がある。「本部」が保身に走れば、「現場」の自由裁量はなくなっていく。「本部」が「現場」のリアリティに疎くなり疑心暗鬼になるのは当然ですから、なんでも許可を求めるようになり、「現場」をルールでがんじがらめにしていく。本来は、組織の使命のためのルールなのでしょうが、ルールを守ることが使命のような雰囲気になってくる。ルールどおりに動いていれば、誰も罰せられることはない。これが、官僚文化でしょう。

PKO（国連平和維持活動）みたいな現場だと、この官僚主義が大きな障害になるのは明らかです。短期決戦の世界なので、物事をスピーディに決めて処理しなければいけない。それなのに、官僚組織としての国連のアクションはあまりに遅い。

たとえば紛争国では、生活インフラが全部、破壊されている。だから僕らが一から作らないといけないわけです。仕事をするために、事務所や住居をまず設営しなければいけない。ほかにも、さまざまな物資が活動のために必要になります。ところが必要な物資が、ミッション終盤近くになってから届き始めたりする。あるいは、コンピュータは届いたけど、発電機は届かない――。国連の現場は、そんなことの連続です。

◆国連の活動は、NGOなしでは成り立たない

こんなことでは「現場」はもちません。だから結果的に、より「官僚的」でないNGOが使われることになります。現在、ほとんどの国連組織の現場の実質的な作業は、NGOが動かしていると言っても過言ではないでしょう。

これは、たとえばＵＮＩＣＥＦやＵＮＨＣＲでも同じです。ＮＧＯは、これら国連組織の「下請け」として機能しています。官僚が政策をつくり、ＮＧＯがそれを実施する。聞こえは良いですが、要はＮＧＯが国連の「パシリ」にされるのです。

ＮＧＯの中でも大きな国際ＮＧＯは、国連機関より大きな政策立案力やロビー活動能力がありますし、財源もしっかりしているので、「下請け」をする必要もない。僕のＮＧＯ時代は、ただ「外交的」な観点から、ＵＮＩＣＥＦなど国連機関とお付き合いしていました。ただ、中小規模の国際ＮＧＯ、そして現地のＮＧＯにとっては、そうはいかなくなります。その請負の有無が、ＮＧＯの財政的な存続を決めるので、国連とまさに隷属的な関係になる場合が多い。

僕が、シエラレオネとアフガニスタンで武装解除を担当したときもそうでした。

二つの内戦処理で、僕はＤＤＲ（武装・動員解除、社会復帰事業）の責任者として関わりました。停戦合意で、今まで戦争をやっていた武装勢力同士が暫定的に銃を置くことに同意する。僕の任務は、こういう合意を仲介し、和平を紙に書いた合意だけでなく、二度と彼らが戦闘に戻らないように合意内容を実行させるものなのですが、銃を置く側は、当然、銃を置くことの「見返り」を求めてきます。武装解除を全員が一度にやってくれることは、まずありません。銃を置いたら敵対するグループから仕返しがあるのではないかと疑心暗鬼の状態ですから、それぞれの武装勢力は少しずつしか武装解除に応じないのです。

ですから、最初に武装解除してくれた連中に対して、まず「約束」を果たさなければなりません。さもないと、次が続いてくれません。「約束」とは、兵士の社会復帰、つまり戦うことしか知らない彼らに職業訓練を施し、市民として社会に復帰させることです。

しかし、何と言っても紛争直後です。職業訓練の施設はもちろん、それに転用可能な建物もないし、訓練をする教員もいない。でも、できるだけ早くそれらを整備しないと、武装解除が進まないだけでなく、先に解除された兵士達が「約束が違う」と怒り出し、暴動を起こしかねません。まさに、武装解除は時間との勝負なのですが、こういう状況は、大きな官僚組織ではどうにも対処できません。やはり、小回りがきく中小規模のNGOしか太刀打ちできないのです。

国際NGOは、内戦前からその国に深く関わっているものが多く、とにかく、その国の文化、風習、そして国内政治を知り尽くしています。ですから、現地NGOのネットワークも広く、深く、彼らの使い方も心得ている。

内戦直後は、社会インフラは破綻《はたん》していますが、「焼け跡」経済はしたたかに息吹き始め

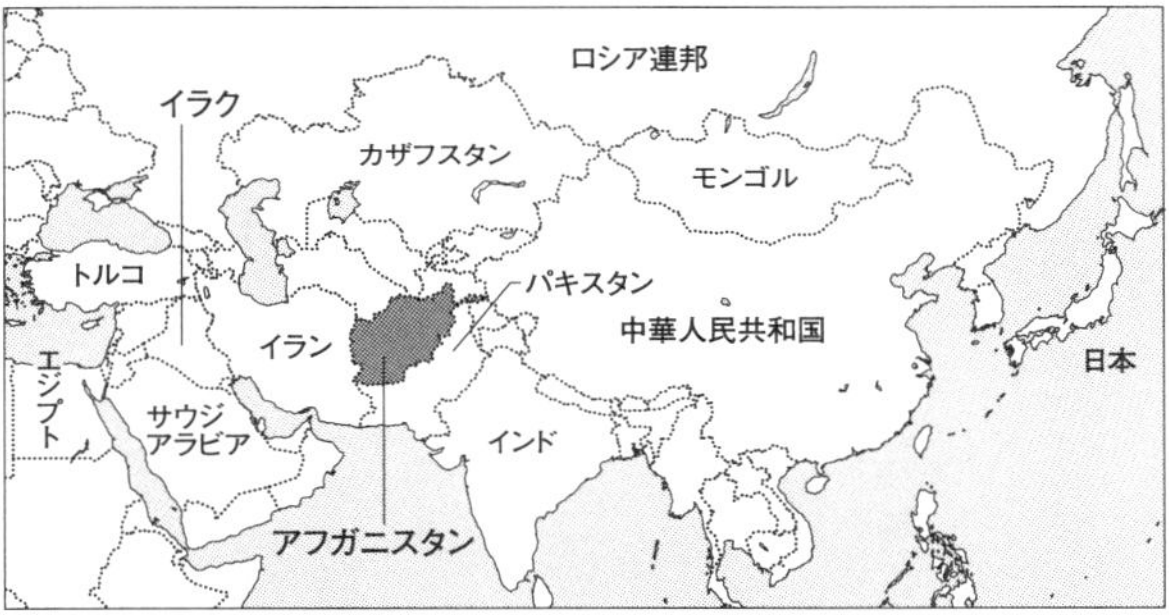

アフガニスタンの位置

武装解除に応じた部隊。素早く社会復帰させないと次が続かない（アフガニスタン・ガルデス県、2003年ごろ）

ます。内戦中だって、人々がいれば、そこには生活があり、インフォーマルな経済活動は、ちっぽけなものでも存在するのです。

戦後の復興活動は、住民自身の手によって始まります。バラックの建設から、とにかく小規模な「親方」業がまず息を吹き返す。アフガニスタンの兵士たちの社会復帰事業では、ある国際NGOに頼んで、現地NGOを動員して、こうした焼け跡経済の「親方」たちを徹底調査することから始めました。そして、彼らに金銭的なインセンティブを与えて、「見習い」のクチを増やしてもらうのです。こうして、何千という「親方」たちを動員して、何万という武装解除後の兵士の受け入れ先をつくり、武装解除の政治的な「約束」を証明し、武装解除に抵抗する勢力を押さえ込んだのです。

これは、まったくの離れ業でしたが、そうこうしているうちに、職業訓練校の建設がNGOへの委託によって、焼け跡に建てられていきます。さらに、中小規模の道路やその他のインフラ建設事業も、NGOが委託事業として実施し、そこに元兵士達が労働力として吸収されていく。

僕が指揮をとったケースに限らず、こういう内戦処理の一番重要な局面で、兵士達の社会復帰事業や、その他の人道援助を遂行するのは、ほとんど百パーセント、NGOと言っても過言ではありません。戦争直後のこういう時期は、地元政府もしっかりしていないので、NGOしか頼るものがないのです。

◆国連はNGOを守れない

国連が不可避的にNGOに業務委託しなければならない状況では、法的な契約関係を築かなければなりません。ここで問題は、国連の委託を受けて活動しているNGOが現場で危機に面した時、果たして国連はどこまで安全を「保障」するかということです。

たとえば、内戦の再発、ゲリラの侵攻などで緊急退避が必要な時に、同じ現場で展開している国連平和維持軍に、NGOの保安の責任があるか。さらに、その現場から完全撤退という状況において、国連要員を救出する国連機を使ってNGOを脱出させる責任を国連が負うかどうか。

国連は、一九九六年に、国連と提携関係にあるNGOと、緊急時のためのフォーマルな覚書を交わすことを決議しました。これは、国連職員の保安体制を定めたいわゆる「国連セキュリティ・プラン」へNGOを組み込むものです。個々の国連職員であれば、緊急時には、国連保安専門家（セキュリティ・オフィサー）の下す指示に全面的に従わなければなりませんが、それと同じ条件をＮＧＯにも課すわけです。そうなると、このプランに組み込まれている限り、ＮＧＯであっても、最終的に撤退するかしないかは、国連の判断・指示に従わなければならないということになります。

しかし、撤退するか否かの国連の判断は、往々にして政治的なものになります。たとえば、ある強権的な政権があったとして、もし安全保障理事会が制裁措置を決めた場合、たとえそこに援助が必要な人がいても、国連が撤退するという状況は十分ありえます。それに対して、ＮＧＯが標榜《ひょうぼう》するのはあくまで人道的判断です。外交的措置がどうあれ、そこに援助を必要としている人々がいる限り、ＮＧＯは人道的な行動を死守すべきです（もちろん、「お上」に追従するＮＧＯもたくさんいますが）。

これはどうしたって、折り合いはつきません。国連にとってみれば、緊急時に自分たちの指示に従わないＮＧＯの安全の責任を取ることはできないという話になるし、ＮＧＯにとってみれば、ノン・ガバメント、非政府組織である独立性はどうなるのか、という問題になります。

さらに、国連セキュリティ・プランは、通常、「現地スタッフ」は対象になっていません。大手の国際ＮＧＯでも、外国人スタッフと現地スタッフの「差別構造」は存在しますが、完全退避時に、現地スタッフを置いていくという行為は、NGOが標榜する「人道主義」に反します。しかし、現地スタッフの保安まで扱うと、現地スタッフはその地域から採用しているわけなので、脱出ヘリに一族郎党まで押し寄せかねない。そうなったら収拾がつかなくなるという懸念を、国連が持つのは当然と言えば当然です。

国連時代の僕は、国連平和維持軍の統括をはじめ部下の保安の責任を負う立場にいました。同時に、このようなNGOと提携しながらの活動でしたが、彼らの保安の問題は、いつもグレーでした。そして、「国連セキュリティ・プラン」に入ってくれるNGOは、ひとつもありませんでした。

◆個人寄付は、国連ではなく直接NGOへ――人道主義の復権

国連の現場は、NGOに頼らなければならない現実があり、NGOの方も、国連からの資金に依存しきっている現状があります。しかしその関係が、緊急時には、「官」と「民」の原理的な相違、特にNGOの存在意義やアイデンティティに関わる重大な問題として浮き彫りになるのです。結果、法的にスッキリする活動環境が整わないままで活動を続けるしかありません。

しかし、近年、このＮＧＯの活動環境の脆弱性をあえて狙い撃ちにし、政治的な打撃を国際社会に、特にアメリカにくみする先進国に与える動きが顕著になってきました。つまり、そういう国から来た、もしくは、そういう国から支援を受けているＮＧＯがソフトターゲットとしてテロの標的になることです。この現象は、ブッシュ政権が起こした、アフガニスタン、イラクでの戦争以降、より明確になってきていると思います。

それまでは、人道主義の旗の下に活動するＮＧＯには、自分たちが政治的に中立であるというジェスチャーが相手に理解されうるという思いがありましたが、それは既に幻想になってしまったようです。

イスラム原理主義とアメリカにくみする西側社会の戦いという構図に集約され、特に、西側の資金が国連を通じてＮＧＯに流れているという構造では、テロを起こす側にとってはＮＧＯは単なる敵の「手先」としか見えない。人道主義は、もはや、ＮＧＯが身を守るための錦の御旗としての効力を失っている。つまり、人道主義はアイデンティティ・クライシスに陥っているのです。

この状況の打開すなわち人道主義の復権は、すごく難しいと思います。しかし、決定的な打開策はなくてもあきらめてはいけない。「悪あがき」に過ぎないかもしれませんが、人道主義の復権への確実な一歩は、やはり「市民」が行動で示さなければいけないと思うのです。もちろん、財源的にはODA（政府開発援助）の足下にも及びませんが、小さなものであってでも市民の人道的な意思を、直接、市民の代表である現場のNGOに届ける工夫が必要ではないでしょうか。その際には、絶対に、国連を含めた「官」のチャネルを通さずに届けたほうがいい。国連機関の中には、UNICEFやUNHCRのように、日本に民間の募金を募るための特別な団体をつくっているものがありますが、直接NGOに募金した方が、官僚組織の経費、手数料抜きで、より多くの資金が現場に届くという意味でもいいに決まっています。

中村哲医師が主宰する「ペシャワール会」という日本のNGOがあります。治安がどんどん悪化しているアフガニスタンで、水利事業を中心に息の長い活動を続けておられます。このNGOが素晴らしいのは、地元社会から全幅の信頼を勝ち得ていることだけでなく、その活動資金には、いわゆる公的資金、政府、国連からの資金が一切入っていないことです。非常に結束の強い支援者達に支えられて、「民」の意思で活動されています。

そんな立派なNGOにも悲劇が訪れました。二〇〇八年八月、スタッフの一人伊藤和也さんが、武装組織に拉致《らち》され、殺害されてしまいました。本当に悲しい出来事でした。しかし、それでもペシャワール会の活動は続きます。人道主義の復権は、本当に困難です。でも、果敢に前に進むしかないのです。

2 「内政不干渉の原則」か、「保護する責任」か

◆「非民主的」な安全保障理事会

僕自身は国際NGOと国連の両方で仕事をしましたが、圧倒的に国際NGOのほうがやりがいがありました。この場合のやりがいとは、自分の仕事がそのまま受益者に届いていることを実感できるということです。子供たちを相手にすれば、子供の笑顔を見ることができる。僕らの開発プロジェクトによって、幼児の死亡率が下がってくる。それが実感としてわかるわけです。

僕は、国際NGO業界で働いた後、通称PKO（Peace-Keeping Operation）と呼ばれる国連平和維持活動の世界に入ります。この世界では、国連といえば安全保障理事会を指します。PKOを承認し、その活動を統制するのは、安全保障理事会なのです。

安全保障理事会というのは、中国、フランス、ロシア、イギリス、アメリカという五つの

常任理事国と、二年任期で総会から選ばれる十の非常任理事国で成り立つ「非民主的」な組織です。

安全保障理事会は国連のなかで、他の主要機関にはない権限を有しています。それは、ここだけが唯一、法的な強制力や拘束力を持っていることです。

安全保障理事会がなぜ非民主的かといえば、常任理事国のうちの一か国でも「拒否権」を発動すると、物事が決まらなくなってしまうからです。そして安保理の決議には当然、常任理事国の損得勘定が入ってきます。

たとえば、アメリカはパレスチナ問題でイスラエルを非難する国連決議案に対して、何度も拒否権を発動しています。二〇〇九年一月に採択されたイスラエルのガザ停戦決議でも、アメリカは棄権しました。拒否（＝反対）と棄権は違うけれども、アメリカはイスラエルとの結びつきが強いので、他国が足並みをそろえて非難しても、イスラエルをかばおうとするのです。

あるいは、アフリカのスーダンで起きたダルフール紛争。スーダンではアラブ系政権が非アラブ系住民を迫害しました。なかでもダルフール地方では、政府が支援する武装集団が地元民に対して、殺人や襲撃を繰り返し、三十万人以上の死者を出しました。

この紛争では、中国がスーダン政府と石油採掘利権で結びつき、軍事支援を行っているため、一時期、平和維持軍の派遣が妨害されました。北京オリンピックの際に、こうした中国の姿勢を批判して、オリンピックをボイコットするキャンペーンもあちこちで起きました。映画監督のスピルバーグも、中国のスーダン政府支援に反対して、オリンピック芸術顧問を辞退しました。

イスラエルやスーダンの例からわかるように、常任理事国の利害が強く結びついている国に対しては、国連は積極的なアクションを起こしづらいのです。

◆アフリカ人の命は軽いという現実

では、常任理事国に利害関係のない国が対象だったら、国連は中立的な行動が取れるのでしょうか。この「中立」というのが曲者《くせもの》です。

アフリカのルワンダで起きたジェノサイド（大量虐殺）を知っていますか。

ルワンダはアフリカの中央部にある小さな国です。ここでフツ族とツチ族の歴史的な対立を背景にして、わずか百日間でおよそ八十～百万人の人々が虐殺される悲惨な内戦が繰り広げられました。一九九四年のことです。

フツ族とツチ族の対立は、一九五九年からずっと続き、九〇年にも激しい内戦が起こっていました。九三年にようやく和平協定が結ばれ、この和平の実施を監視するために、カナダ軍の将軍ロメオ・ダレールを司令官として多国籍の国連平和維持部隊が派遣されました。僕はルワンダには行ったことはありませんが、二〇〇七年にNHKの番組で、このダレール元将軍（収録時はカナダ上院議員）と対談したことがあります。

一九九四年の四月六日になると、ハビャリマナ大統領を乗せた飛行機が撃墜されるという事件が起きる。フツ族の過激派は、これをツチ族の仕業だとして、民兵や大衆を動員してツチ族の人々を虐殺しました。単純計算で、一日に八千人が殺されたことになります。核兵器並の破壊力ですが、いわゆる高度な武器は何も使われませんでした。ナイフ、刀、こん棒で民衆が民衆を殺したのです。これは「メディア」の力だとも言われています。フツ族系の地元のFMラジオ局が、「あいつらは敵だ！」「あいつらを殺せ！」という扇動的なスローガンを繰り返し流し、それが民衆、特にほとんど失業状態の若者に刷り込まれ、民衆が民衆を殺すという状況が生じた。

もちろん、ダレール将軍が最高司令官として指をくわえて見ていたわけではありません。ニューヨークの国連本部に対して「いま武器が集積されつつある、若者が扇動されて軍事訓練が行われている。リンチ殺人もいたるところで起こっている。このままでは大変なことになる」と報告し、少なくとも軍事訓練が行われているところ、武器が集積されつつあるところに国連平和維持軍を進軍させて、最小限の、ほとんど警察機能の延長みたいな武力行使をさせてほしいと進言します。しかし、国連本部、安全保障理事会は首を縦に振ることはなかった。

その理由は二つあります。一つは、「内政不干渉の原則」です。これは国連、国際社会の基本原理です。調停という立場で国連平和維持軍がいるとはいえ、武力行使までしていいのか。この場合、ツチ族に対するフツ族の攻撃をやめさせることは、国連がフツ族という国内の政治勢力の一方だけに武力行使することになります。しかも虐殺をしているのが民衆だったため、非戦闘員に武力行使することになる。

もう一つは、安全保障理事会で最大の力をもっているアメリカです。一九九四年、この大虐殺が起こる数か月前、ルワンダからあまり離れていない同じ東アフリカのソマリアで内戦が起こっていました。いまでも内戦状態です。複数の軍閥のうちどれが天下をとるかで内戦が繰り返されてきたのですが、国連の承認を受けた多国籍部隊が当時ソマリアに入っていました。その中にアメリカ軍の部隊がいたのですが、多国籍軍部隊の一員でありながら、独自の行動を企て、そのうちの最大軍閥の指導者を捕獲するという奇襲攻撃に出ます。

この事件を描いた『ブラックホーク・ダウン』（リドリー・スコット監督、米、二〇〇一年）というハリウッド映画があります。「ブラックホーク」は戦闘用のヘリのことです。アメリカは、最大軍閥の重要人物に関する情報を得て、作戦要員を乗せてブラックホークを飛び立たせます。ところが町に差しかかると地上から攻撃を受け、ヘリは町のなかに墜落してしまう。中にはまだ生存者がいる。それを見た群衆は、アメリカに対する敵愾心《てきがいしん》から、ヘリコプターの残骸《ざんがい》を取り囲み、中でまだ息をしている米兵を引きずり出し、なぶり殺しにする。さらに、「ヤンヤ、ヤンヤ」と、その屍体《したい》を町中引き回す。しかも、その悲惨な情況を撮った映像が公開されて、アメリカのニュース番組に流れてしまった。自衛隊員が同じ目にあったら、皆さんはどういう気持ちになるでしょうか。

アメリカの世論は、国際秩序の名目で米軍が世界の警察官として振る舞うことに対して消極的になります。たかがアフリカの和平のために、何で尊い米兵の若い血が流されなければならないのか、という世論が支配したようです。

国内世論を気にしたクリントン政権は、国連がルワンダ紛争に介入することになればアメリカも巻き込まれると考えた。

アメリカのみならず常任理事国のいずれの国にも、ルワンダに平和維持軍を投入するメリットがなかった。たとえば地下資源が豊富であれば、常任理事国の態度も違っていたかもしれません。しかし常任理事国の国益にかなうようなメリットがルワンダにはありませんでした。実際、虐殺が始まってまもないころ、ダレール将軍を訪れたある先進国の代表は、こう言って部隊の派遣を断りました。「状況はわかります。でも、ルワンダには何の戦略的な価値も資源もない。ただ人がいるだけです。すでに多すぎるくらいの人間がね」。ついに安全保障理事会はダレール将軍が鳴らす警鐘に耳を傾けることはなかったわけです。

このルワンダの虐殺は、国連にとって大きな負の遺産になりました。ロメオ・ダレール将軍は最高司令官の任を解かれたあと母国に帰りますが、自責の念からＰＴＳＤにかかり自殺未遂まで起こします。目の前で起こっていることに軍人として何もできなかった。歴史に残る汚点を自らつくってしまったと精神的に追いつめられたのでしょう。

僕が国連の武装解除部長として派遣されたシエラレオネもそうでした。シエラレオネの反政府ゲリラ・ＲＵＦの蜂起によって起きた内戦は、一九九一年あたりから始まっています。しかし、鎮圧するために、国連の安全保障理事会がＰＫＯを発足させたのは一九九九年。この八年間で推定五十万人が犠牲になりました。

ルワンダやシエラレオネの例を見てもわかるように、国連といえども人道的な緊急性を完全に中立的な立場で判断し、行動する体制にありません。どんな案件だろうと、そこには常任理事国間の政治力学や損得勘定が働きます。このことが国連を考えるうえでの大前提です。ルワンダでは百万人、ダルフールでは三十万人、シエラレオネでは五十万人の犠牲者が出ました。数十万の命が犠牲にならないと、国際社会は動かなかったわけです。

一方、9・11テロは、アメリカ国内の犠牲者三千数百人で、多国籍軍によるアフガニスタンへの攻撃（これは報復攻撃でしたが）が始まりました。

仮に日本が北朝鮮から攻撃を受けるような事態が生じても、日本は多額の国連分担金を納めていますし、日米同盟もありますから、国際社会はすぐに手を打つに違いありません。「人間の命は平等」という理想を掲げていても、現実には紛争が起こる地域によって国際社会の対応はまったく違います。先進国の命よりもアフリカ人の命の重さは軽いのです。

◆「内政不干渉」から「保護する責任」へ

国連の設立根拠や基本的な方針を定めた国連憲章には、次のように「武力不行使」と「内政不干渉」とが定められています。

すべての加盟国は、その国際関係において、武力よる威嚇《いかく》又は武力の行使を、いかなる国の領土保全又は政治的独立に対するものも、また、国際連合の目的と両立しない他のいかなる方法によるものも慎まなければならない。（第二条四項）

この憲章のいかなる規定も、本質上いずれかの国の国内管轄権内にある事項に干渉する権限を国際連合に与えるものではなく、また、その事項をこの憲章に基く解決に付託することを加盟国に要求するものでもない。但し、この原則は、第7条に基く強制措置の適用を妨げるものではない。（第二条七項）

どうにでもとれる内容ですが、シエラレオネやダルフール、ルワンダのようなケースがこれからも起きたとき、国連は、果たして機能するのか。また機能不全に陥るのか。他の国だって、自国の軍を派遣して、つまり血を流す覚悟で、国益にならないような国にわざわざ出かけていくでしょうか?

そのため国連憲章の第七条では、平和に対する脅威や平和の破壊、侵略行為があった場合に、安全保障理事会の決定に従って、軍事的手段を含めた措置を取ることを認めています。でも、ダルフールもルワンダも、常任理事国である中国やアメリカが、当時PKO派遣に否定的な態度を示してしまったため、多大な犠牲者を出してしまいました。

そういったことの反省に基づいて出てきたのが「保護する責任(Responsibility to Protect)」いう概念です。これは自国民を保護する能力も意志もない国家に対して、もしくは、その国家が一部の自国民に対して深刻な人道問題を引き起こしているとき、国際社会がその国家に代わって、その国民を保護する責任を負うという新しい考え方のことを言います。ルワンダなどの教訓がきっかけとなって国連でも真剣に議論されるようになってきました。

当然のことですが、「保護する責任」は、人道的介入を国家主権よりも優先させるものですから、内政不干渉の原則と衝突します。また、「保護する責任」は、どういう状況になれば正当化できるのか。その状況をどうやって見極めるのか。死んだ人の数が基準なのか。千人か。一万人か。九千九百九十九人だったら何もしなくていいのか。さらに「保護する責任」が他国を侵略するために恣意的に解釈されてしまうこともある。アメリカのイラク戦争だって、フセインを倒し、イラク国民を「保護する責任」が口実の一つとして使われました。

◆殺し方、殺した数で「テロリスト」が決まるわけではない

人道主義の極み（他人の家にまで踏み込んでも人命を救う）とも言える「保護する責任」にも、全世界的なコンセンサスに至るには、まだまだ大きな課題がありそうです。

アメリカなどのスーパーパワーの利害一つで国際社会は戦争に巻き込まれ、イラクのように数万の何の罪もない一般市民が簡単に犠牲になります。「大量破壊兵器」の有無も含めこの戦争の大義がくつがえされた現在、大変多くのイラク一般市民の犠牲を生んだアメリカの「介入する正義」と、人道主義に基づく「保護する責任」は、果たしてどう折り合いをつけるのか。つまり、「保護する責任」が行使されるとしても、行使する側の「正義」の問題が問われています。

二〇〇六年にも、中東のレバノンにおいて、「悪」を倒すために「人道」が犠牲になりました。レバノンでは、「ヒズボラ」というイスラム教シーア派による軍事組織があり、この国において、事実上の「国家の中の国家」を形成しています。ヒズボラは、アメリカが敵と見なすイラン、シリアの支援を受け、国際社会からは「テロリスト」というレッテルを張られています。このヒズボラが、二〇〇六年七月にイスラエル兵を誘拐したことに端を発し、イスラエルは大規模な空爆でレバノンに侵攻したのです。ヒズボラを快く思わない人々は、レバノン国内に大勢いるにもかかわらず――。

その後、ヒズボラも反撃し、両者の間で戦争が勃発しました。国連の介入によって停戦合意に達したのち、国連は、停戦監視のために武力行使の権限を持たない部隊を駐留させていましたが、イスラエルは、この国連部隊をも攻撃、四名の多国籍の停戦監視要員が殺害されました。結局、国連安全保障理事会が、最終的な停戦を仲介するまで数か月を要し、その間に失われた命は、圧倒的にレバノン側の一般市民が多く、子供の犠牲も多数報告されました。

民主主義の守護神アメリカが、そして国際社会が、当時レバノンで民主選挙で入閣も果たしていたヒズボラを、「テロリスト」と見なす根拠は何なのでしょうか。9・11でアメリカを攻撃し、現在では「対テロ戦」の敵アルカイダと、ヒズボラは同類なのでしょうか。

たとえヒズボラが「テロリスト」だとしても、その壊滅のためなら一般市民の犠牲をもいとわないという「正義」の根拠は何なのでしょうか。そして、一般市民の犠牲がどこまで大きくなれば、人道主義が「正義」に勝って、敵との和解交渉に踏み切るのでしょうか。

他方、アルカイダも色あせるほど無差別殺戮《さつりく》を犯した武装勢力に対して、停戦のみならず恩赦まで与えて和解し和平を導いたケースがアフリカにはあります。二〇〇二年に終結したシエラレオネ内戦のことです。それを仲介したのは、米国のクリントン政権でした。政府軍と反政府ゲリラ「革命統一戦線 RUF」とが交戦したこのシエラレオネの内戦で、RUFは残虐行為のかぎりをつくし、五十万人とも言われる一般市民の犠牲者が出ました。

しかし、一九九九年七月に、シエラレオネ政府とRUFの間で交わされた「ロメ合意」では、和平を達成するために、政府は行き過ぎた恩赦を認めたのです。すなわち、大虐殺を働いたこの内戦における戦争犯罪に対して、「正義」は一切追及しない。さらに、この合意の付録として、RUFのトップのフォデイ・サンコーは副大統領に任命され、その他数名のRUF幹部が、シエラレオネ政府の閣僚に迎えられるという破格の合意でした。

クリントン政権は、黒人の牧師であり市民指導者でもあるジェシー・ジャクソン師を特使に仕立て、この合意のお膳立てをしました。「なぜ、アメリカが?」と思うでしょう。奴隷解放の時代にさかのぼる歴史背景において、アメリカはシエラレオネに道義的な親近感があるのです。

この内戦処理にあたって、アメリカは米兵の血が一滴も流れない解決策を求めました。それは、「正義」を犠牲にして平和を達成するということ。つまり、世紀の大虐殺の犯罪性を無視するということです。

残念ですが、現在、私たち国際社会が頼る「正義」には一貫性はないようです。殺した数、その殺し方だけで「テロリスト」が決まらないのは、明らかなようです。

◆国連常備軍は必要か？

介入する正義の問題はさておき、この「保護する責任」を具体的に実践するために、国連に常備軍を設置しようという構想も出ています。「国連緊急平和部隊（United Nations Emergency Peace Service）」というものです。

現在の国連では、人道的な危機にスピーディに対応することができない。ＰＫＯでも、安全保障理事会が決議してから、各国にお願いをして派遣するまで数か月もかかってしまう。大量の殺戮や人権侵害が行われている状況で、その対応に数か月もかかってしまうのは、あまりに遅すぎる。そこで、すばやく援助ができるように、国連独自の常備平和部隊を創設しようというのが国連緊急平和部隊の構想です。現在の構想では、この部隊はＰＫＯのように、各国の軍を派遣するのではなく、個人単位の参加が想定されています。軍人だけじゃなく、文民、警察、司法など、二万人近い規模の個人が自由意志での参加を建前に、国連職員として活動する。まあ、言わば国連の「傭兵《ようへい》部隊」みたいなものです。

現実には、この部隊はまだできていないし、具体的な創設の予定も立っていません。でも賛同の声はけっこう多い。アメリカの議会でも検討されたと聞きます。

しかし僕はこの構想に少し懸念があります。まず、国連が独自の常備軍を持ったら、ちょっと国連の見映えが悪くなってしまうのではないか。国連は、にっちもさっちもいかなくなったときに多国籍軍の派遣を決めるかもしれないけど、あくまでも外交交渉の場であるべきです。つまり、国連が常備軍を持つということは、どうしても心理的に軍事力が前提の話になってしまいがちになり、外交的解決を簡単にあきらめてしまう雰囲気が出てしまうのではないか、と思うのです。ピストルを最初からちらつかせたらヤクザと同じです。ただでさえ、軍拡競争をやっている同士が常任理事国として安全保障理事会に居座っているのです。国連ぐらいは、できるだけ軍事から超越した存在であって欲しい。ちょっとナイーブでしょうか。

国連常備軍を正当化するためにルワンダのことがよく例に出されるけれども、ルワンダの例は、平和維持軍を組織するのが遅れたことが理由じゃなくて、アメリカをはじめ安全保障理事会が動かなかったことが理由でした。「保護する責任」の議論と、国連常備軍の議論は次元が違う話だと思うのです。

僕は、シエラレオネをはじめアフリカに長年暮らし、一時は自分の肌の色を忘れるぐらいにまでなりました。たぶん、日本国内で災害が起こっても、もし同じような災害が同時にシエラレオネで起こったら、シエラレオネの方に心は奪われるでしょう（愛国者からは、なんと不謹慎な！　といわれそうですが）。僕にとって、まさに故郷です。ですから、アフリカ人の命の価値を、われわれ先進国のそれと同等のものであるという気持ちにおいては、誰にも負けないつもりです。

常備軍があったほうが有事への対応は早いに決まってます。常備軍がないことで対応が遅れ、より多くの人々が死ぬかもしれません。しかし、迅速で、大胆で、勇気のある外交的介入、つまり非武装の介入の価値。この価値は、安易な武力介入に侵食させることなく死守されるべきだと思うのです。たとえ、常備軍がなかったことで生まれる犠牲と天秤《てんびん》にかけても（涙）。

◆拒否権を持つ五つの怪物の本質は変えられない

現在、国連改革ということで、安全保障理事会の常任理事国、非常任理事国の議席拡大などが議論されています。

しかし、国連が必要な時に介入できないのは、安全保障理事会を機能不全に陥らせてきた「拒否権」があるから。これは絶大な権限です。この既得権益を五大常任理事国が手放すことはまず考えられません。そして、同じ権限を持つ常任理事国の枠を増やすことに、この五大国は何の食指も示さないでしょう。

あるいは「拒否権」のない常任理事国を増やすという考えもあり、日本政府は、それに躍起になっていますが、そのことにどれだけ意味があるのか、僕にはわかりません。

仮に日本が拒否権なしで常任理事国入りしても、そのことで五大国が関わっているミャンマー、チベットやグルジア、アフガニスタン、イラクなどの問題に対してどれだけ変化を起せるか、僕には具体的にイメージできないのです。

だから、「拒否権」を持つ五つの怪物からなる国連安全保障理事会の実質的な改革は無理だと思います。だからと言って諦めるのではなく、この状況を「前提」として、ものを考えた方がいいと思うのです。

3 「予防する責任」のむずかしさ

◆ダレール氏の中堅国家連携論

ルワンダで指揮をとったカナダのロメオ・ダレール氏とNHKの番組で対談した際、彼は、「中堅国家」が連携することで、安全保障理事会の機能を補完していく必要性を訴えていました。「中堅国家」とは、まず、彼自身のカナダ。そして、オーストラリア、ニュージーランド、そしてノルウェーなど北欧諸国。ダレール氏が説く「保護する責任」の担い手は、他国の民衆の血を犠牲にしてまで国益を追求する意思のない〝中庸〟な国々。そんなにガツガツしてないから、外交に「人道主義」を持ち込める。でも一国では圧倒的に力不足だから、徒党を組まないとスーパーパワーに対峙《たいじ》できない。連帯してこそ一つの力になるミドルパワー（中堅国家）なのです。

ダレール氏の主張は、安保理常任理事国やアメリカの抵抗勢力になることを意図しているわけではありません。あくまで協力の姿勢を崩さず、国連としての対処が人道的な軌道を逸しないようスーパーパワーと寄り添っていく。

スーパーパワーが自らの血を流してまで救済する必要性を感じないケースは、ルワンダのように八十万人が犠牲になるまで〝放って〟おかれる。なぜ安全保障理事会の動きが遅いかというと、やはり常任理事国がそこで決議してしまうと、まず自分たちに最初の責任が降りかかってくるからでしょう。

そこで、常任理事国の心理的な負担を軽減させるという意味で、中堅国家の連帯を作る。常任理事国の国益にならないところは我々中堅国家が責任を持ちます、という意思表示をして、安全保障理事会が決議しやすくなるような雰囲気を作ってあげる――。

というように、こんな漠然としたアイディアが、カナダを中心に国連の中でも議論されてきているようです。でも、まだ具体的な決議までには至っていません。

中堅国家の連携が実現したとして、その組織は国連の中につくるのか、否か。さらに「中堅国家」がどの国までを含むのか。たとえば、インドなんかが仲間に入りたいと言ってきたらどうしましょう。経済力もあるし、何と言っても過去、非暴力主義をリードした国です。でも、現在は、隣国パキスタンとの核軍拡競争に走っているし、人道主義に基づいた介入ができるか、ちょっと微妙です。

「中堅国家」の連帯は、アイディアとしては優れていますが、具体的な体制づくりに向けては、まだまだ道のりは遠い感じです。

◆地域共同体への期待

僕もこれまでのアフリカでの経験から、国際社会の武力行使もいとわない「保護する責任」の必要性は誰よりも強く感じている自信があります。でも、果たして、それを国連に期待できるのかは、懐疑的です。

僕が現実的だと思うのは、ＥＵやＡＳＥＡＮなどの地域共同体のなかに、安全保障面の「信頼醸成装置」をもっと強化することです。紛争が起こったら、近隣の地域共同体がまっさきに対応して、後に必要に応じて安全保障理事会を巻き込み、世界全体の取り組みにしていく。地域共同体であれば、距離の利点がありますから、スピーディな対応が期待できるでしょう。

さらに、こうした地域共同体の安全保障グループは、他地域での平和構築に貢献することも可能です。実際に、ＥＵでは、インドネシアのアチェ問題に関与しています。

異なる民族や宗教からなるインドネシアは、僕が関わった東チモールだけでなく、各地で分離運動が盛んです。そもそも、大戦後、オランダから独立を勝ち取ったインドネシアでしたが、国家の統一を保つために、こういった民衆の分離運動を強大な軍事力で制圧してきました。それは、血みどろの歴史です。アチェ州の分離独立運動もその一つで、東チモールの独立とは対照的に、二〇〇五年、アチェ独立武装組織とインドネシア政府の間に和平合意が交わされ、「自治」が認められました。

この和平合意を取り持ったのが、元フィンランド大統領で、この時は私人の立場で民間外交を押し進めていたアハティサーリ氏でした。そして、彼をバックアップし、和平合意後の武装解除と、和平合意の履行を監視したのがEUでした（ASEANも加わりましたが、リードしたのはEUです）。

なぜ、EUがわざわざアジアまで出かけてきて、インドネシアの和平に？　と誰でも思うでしょう。そういう分離運動の活動家たちは、インドネシア当局の弾圧を避けるために、政治難民としてヨーロッパに定住し、大きなロビーグループをつくるからです。だから、それらを受け入れるヨーロッパ諸国にとって、「国内問題」になるのです。

でも、やはり、ちょっと悔しい。なぜ、アジアの問題の仲介を「白人」に頼らなければならないのか。いや、これはちょっと人種差別的な発言かな？　言い直します。

アジアの問題をよその仲介者に頼るのもいいけど、同時に、アジアに他の地域の問題の仲介ができるような能力があってもいいんじゃないでしょうか。

たとえばASEAN＋3（日・中・韓）を中心にして安全保障の信頼醸成の仕組みを作るというプランは考えられると思います。もちろん、そういう構想は前からあって、でも、加盟国の一つの「ミャンマー問題」で、内政不干渉の原則の厳格な殻をなかなか割ることができないままでいますが。

日本でも民主党を含めいろいろな政党が表明してきた「東アジア共同体」。インドも中国も構想の中に入っているので、実現したらいいですね。その地域の信頼醸成を図るのがもちろん第一義的な目的ですが、足下の問題につまずいても、アフリカでも、ヨーロッパでも、アメリカが関わっている紛争でも、果敢に他の地域の問題に介入していったらいいのです。よその問題を扱うことによって、自分の足下の問題が違った角度で見えてきて、今までにない打開策が生まれるということがあると思うのです。

このように、必ずしも国連という枠組みを使わずに、平和のための介入を行うケースが多々あるのです。

たとえばアフガニスタンで僕がやった武装解除。敵対する複数のアフガンの軍閥たちを停戦させ、均等に少しずつ武力を削減させていく政治交渉を指揮したのは、国連ではなく日本です。こういう仲介的作業は、紛争当事者の利害に関わらない第三者がやらなくてはなりません。

スリランカでは、反政府組織ＬＴＴＥ（タミル・イーラム解放の虎）とスリランカ政府間の内戦が三十年以上も続いていました。この紛争に対して、仲介役を果たして停戦合意を成立させたのはノルウェーです。その後も、国連ではなくて、ノルウェーの主導のもと、多国籍の軍事経験者を、非武装で、停戦を監視する要員として送りました。残念ながら、二〇〇二年の停戦合意以降、和平合意のプロセスは進展がなく、再び抗争は激化し、遂にスリランカ軍が戦闘で勝利するという形で決着してしまいましたが（一般市民の犠牲は計り知れなく、これはすごく残念なケースです）。

このように、別に国連という枠組みじゃなくても、地域の共同体、もしくはある一国を中心に有志みたいな形で紛争解決の枠組みを作ることは可能です。

むしろスリランカやインドネシアみたいな国は、国内に内戦を抱えていても、強大な軍事力を持ち、大変に国家主権意識の強いところですから、自分たちの内政問題が国連安全保障理事会に議題としてのることをとても嫌がります。国内問題が、いわゆる「安保理マター」になるのは、プライドのある国だったら嫌に決まっています。国連が、大手を振って介入できるのは、もともと国力がなく、内戦間近の、いわゆる「破綻国家」ですから、どうしても、アフリカに集中してしまいます。

だから、国連の介入にも、向き不向きがあるのです。国家主権意識の強いそういった国々では、国連以外の選択肢の方が効果的だと思います。

◆国連は「予防する責任」を担えるか

この章のこれまでの議論でもおわかりのように、国連を中心とした国際社会の介入の議論は、国連緊急平和部隊などの議論も含めて、紛争が起こったときにどう駆けつけるかという話に終始しがちです。たしかに、ルワンダのような惨事が起きた場合、多国籍軍がいかにすばやく派遣できるかどうかが犠牲者の数に大きく影響するでしょう。

しかし、国連憲章にあるように、軍事力の行使は、あくまでも外交の最終手段でなくてはなりません。その意味で、紛争の「予防外交」は、平和介入において最上位概念であるべきだというのは、異論の余地がないでしょう。さきほど紹介した「保護する責任」においても、その上位概念は「予防する責任」です。ところが、国連が、手を付けるのが一番難しいのが「予防する責任」なのです。

「予防する責任」の行使は、当然、紛争が起こる前になされなくてはなりません。民族対立や、現政権への不満が暴動などで顕在化しているような時に、「紛争の火種」を早期警戒（Early Warning）して、早期対処（Early Response）する。この時の対処は、武力行使なんて大げさなものではなく、ただの「対話」の促進だけで済むかもしれません。でも、これを国際社会がやる場合、どうしても「内政干渉」に見られてしまいそうです。起こってしまった内戦の和平の仲介が必要な時でも、ただでさえ国内問題が「安保理マター」になることを忌み嫌うのが主権国家です。どんな破綻国家でも、内戦前なら、より主権意識が強いはずです。ですから「予防する責任」のための機関として国連に大きな期待はできないのです。

僕は、「予防する責任」の行使で、最も効果が期待できる手段は、二国間のODA（政府開発援助）だと思います。被援助国の過度の軍事化や、その政権が特定の地域、部族に対して人権的に不当な扱いをしていないかなど、国内紛争の可能性をモニタリングしながら、平和構築の視点から援助の内容を決め、援助の「条件」として、積極的に内政に注文を付けていく。それも一国のODAとしてだけでなく、同じような指針のもと、他の支援国と連携し、一枚岩で、その非援助国の政権に圧力をかけることが大事です。そうすることで、紛争の芽を早期に摘むことができると思うのです。

はたして国際援助にこのような「条件」を付帯させることは、内政干渉でしょうか。いや、違うと思います。なぜなら、被援助国にとっては、その援助を受け取らないという自由が常に確保されているからでです。特に、日本にとっては、平和憲法の精神から言っても、日本の血税を被援助国の平和のために使う政治的助言は、厳然たる順法行為であると思うのです。
そこで次の章では、ODAの問題についてくわしく見ていくことにしましょう。果たして日本のODAは、「予防する責任」に貢献しているでしょうか。

まとめ

国連とは何か

①国連は費用対効果を考えない官僚組織である。
②戦争直後の復興など緊急性の高い現場は、NGOなしでは成り立たない。
③有事の際は、NGOが国連の指示に従うべきか、原理的な問題が浮き彫りになる。
④国連とNGOが対等なパートナーとして活動できる環境を整えることが課題。そのためには、民間からの募金は直接NGOへ。
⑤安保理常任理事国に既得利権のある紛争国の人道的危機に際して、国連はしばしば硬直化する。
⑥既得利権のない紛争国の人道的危機に際しても、それぞれの国益とリスク

の腹づもりが国連をしばしば硬直化させる。

⑦以上の反省から「保護する責任」という、人道的介入を正当化する概念が生まれたが、「侵略行為」への悪用の可能性と、「内政不干渉の原則」との衝突から、国連全体をリードする概念になるには障害が多すぎる。

⑧主体的な二国間援助（国益と地域益の両立を重視した）、地域共同体による介入に大きな可能性あり。

⑨「予防する責任」は、二国間援助が一番よく果たせる。

第四章　ＯＤＡという無担保ローン

アフガニスタンの武装解除は日本のＯＤＡで行われた。除隊式のようす（アフガニスタン・クンドゥス県、2002年ごろ）

この章のテーマは、ずばり「お金」です。僕たちの税金は、ODA（政府開発援助）という形で、発展途上国の支援に使われています。

ODAとは、簡単にいえば、日本政府が途上国を支援するための経済協力のことですが、そもそもなぜ日本は他の国を支援しなければいけないのでしょうか。それを「世界益」と「国益」の関係から考えてみたいと思います。

さらに、日本のODAの特徴に対する、ありがちな解釈の「ウソ」を説明しながら、ODAに対する少し過激な提案まで述べてみることにします。

1　ODA額は多いほどいいのか？

◆援助の三形態

ODAの援助の形は大きく分けて、無償・有償・技術協力という三つの形態があります。無償はタダでお金を出すこと、有償は利子を付けてお金を貸すこと、技術協力は読んで字のごとく技術や知識を発展途上国に移転することです。

じつは日本のODAの実施体制は、最近大きく変わりました。これまで無償の資金協力は

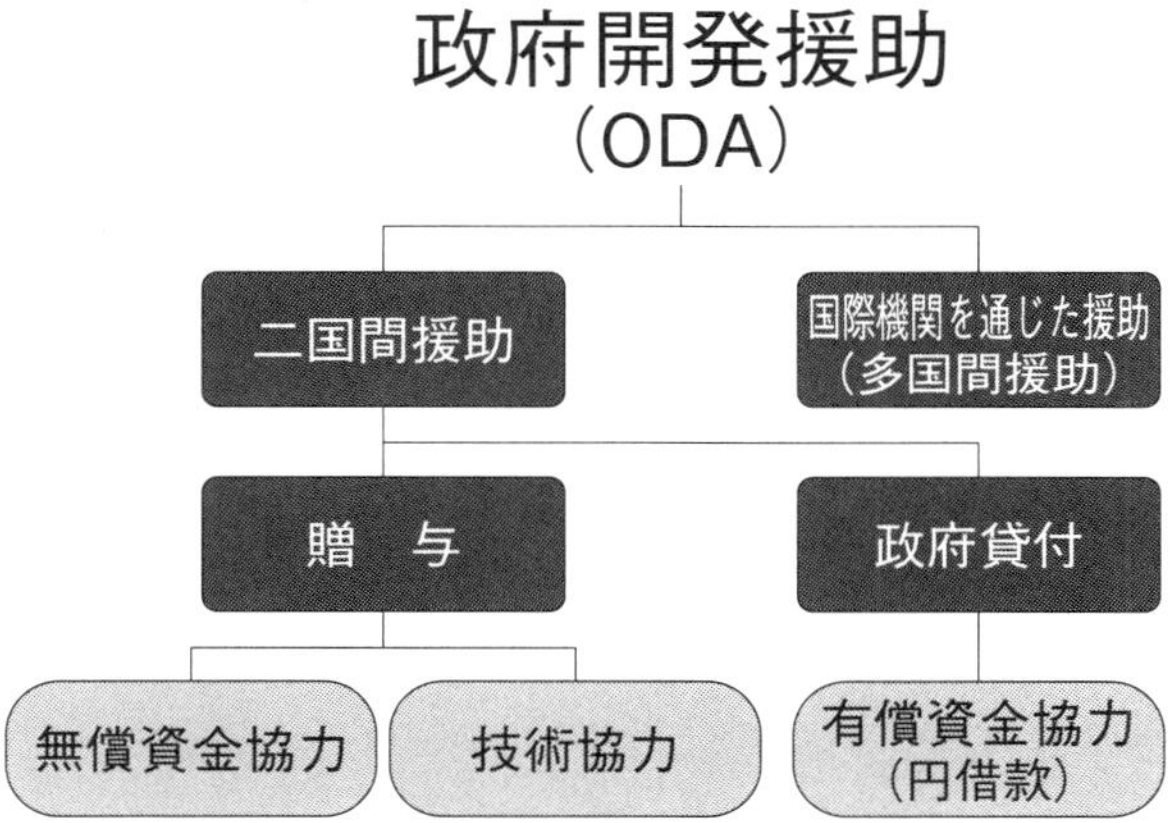

図 4-1　ODA の種類

外務省、有償の資金協力はＪＢＩＣ（国際協力銀行）、技術協力はＪＩＣＡ（国際協力機構）というふうに、援助の種類によって実施の主体が分かれていましたが、二〇〇八年十月からそれを一元的に統合して、ＪＩＣＡが三つの援助を包括的に扱うことになったのです。

　たしかに、これは一つにしたほうがすっきりします。一つの国に対して、援助国がばらばらの組織で対応するのは効率が悪い。一つの組織が相手国への援助を包括的に考える。無償から始めて有償に移行するとか、技術協力を含めて統括的に考えられたほうがいいですよね。

　しかし、こうした援助組織の再編は、欧米では九〇年代にすでに行われていました。たとえばアメリカだったらＵＳＡＩＤ（米国国際開発庁）を再編して、緊急人道支援を担当する部門と、終戦直後の国づくりに即座に対応できる部門を設置しました。イギリスは、ＤＦＩＤ（国際開発省）に援助の予算と権限を一元化しています。他国の援助体制の動向を見ると、日本は十年ぐらい遅れている感じです。

◆減り続ける日本のＯＤＡ

日本はＯＤＡ大国と呼ばれていましたが、二〇〇〇年以降はほぼ減少の一途をたどって、二〇〇八年は九十四億ドルで世界第五位。九一年から十年間、日本はずっとＯＤＡの額は世界一でしたが、そこからどんどん援助額が減ってしまったのですね。

それでも第五位なら、まあまあじゃないかと思う人もいるかもしれません。しかし国民総所得に占める割合からすると、二〇〇八年度は〇・一八％。これはＯＤＡを実施している国のなかではアメリカと並んで最下位です。

日本が世界一の座から滑り落ちた二〇〇一年は、小泉内閣ができた年です。不況のまっただなかで、借金まみれの日本の財政を立て直すために、ＯＤＡにもメスが入りました。それ以降、現在に至るまで、ＯＤＡを下げろ下げろという声が根強くあります。自分たちの国が不況でしんどいのに、なぜよその国を支援しなければならないのかと。

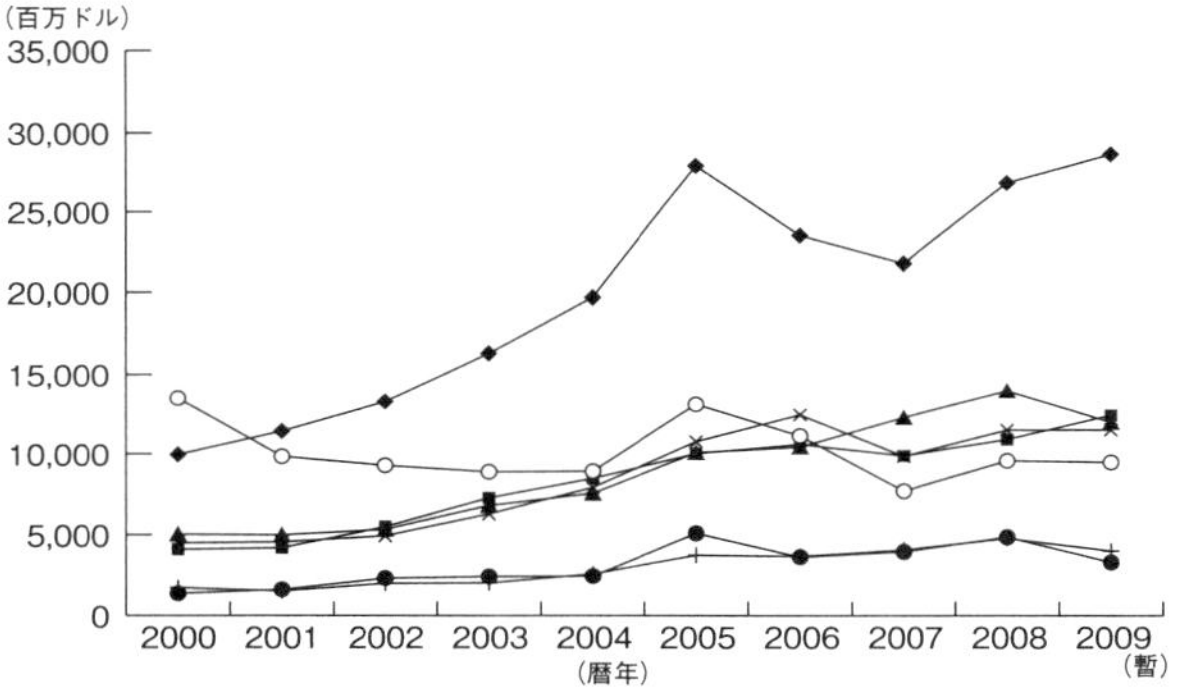

(注1) 東欧および卒業国向け実績を除く。
(注2) 2009年は暫定値。

図4-2　主要援助国のODA実績の推移
〈支出純額ベース〉(出典：外務省ホームページ)

それはそれで、一般庶民の切実な本音でしょう。国際協力をやっている日本のNGOは、こういう意見をつかまえて、日本の民度は低いとか、国際常識がないとか批判の声をあげそうです。

◆「国益」を通して「世界益」を見る

一見もっともな批判のように思えますが、ここには日本のNGO特有の「国益」嫌いの体質が透けて見えます。もともと、国際協力分野の日本のNGOは、三十年、四十年前に、学生運動に挫折《ざせつ》した全共闘世代がつくったものですから、基本的に「サヨク」です。彼らは、反体制運動の延長線上で国際協力を考えていますし、事実、現在でも、日本のNGO業界では、「国益」と言うと非常にネガティブなニュアンスにとられてしまいます。

でも、血税を「国益」のために使うのは、至極当然のことです。その国益も、実際に目に見えるところで恩恵として実感したい。これが、日本に限らず、世界共通の庶民感覚です。NGOに市民社会の代表たる自覚があるなら、まず、この庶民感覚を前提にモノを考えるべきでしょう。

一方で、「国益」に対して、国際協力を介して実現する「世界益」というものがあると思うのです。日本は世界中で商売をしている貿易立国です。世界の隅々まで日本製品が行き渡っているわけだから、世界中にお客さんがいます。営利の世界では、顧客に接待や付け届けをするように、商品を売る以外のケアをする。日本の国際協力は、そういうものであると考えることもできます。もちろん、日本のNGOは、自分たちがやっている国際協力は、営利企業の手先なんかじゃない！　と言うでしょうが。

でも、日本製品に対する信頼感が、確実に「日本人」への信頼に寄与していることは、海外で活動しているとヒシヒシと感じます。日本人の顔は知らなくても（Japanをヨーロッパの一つと考えている人も多い！）、こんな素晴らしい製品を作る国民は、絶対信頼できると思ってもらえることは、海外で活動する際に大きなアドバンテージになるのです（アフリカの農村では、まさかJapaneseが、こんな鼻の低い間の抜けた顔の人種だったとは、とよく言われました。日本人はそのイメージと容姿に大きなギャップがあります）。こういう信頼のブランドの恩恵は、それを作ってきた日本企業だけでなく、日本人全体、日本のNGOも受けているはずです。

「世界益」への貢献は、人道主義とか、国際社会の一員たる義務とか、何かと燦然《さんぜん》とした上位概念として語られがちです。でも、これって、日々の生活に追われている一般庶民からすると、ちょっと引いちゃう。お説教としか聞こえない。

だから、国際協力、特にODAは、日本製品を買ってもらうための「付け届け」と言ったほうが、庶民感覚に近い。つまり、まず「国益」ありきの「世界益」。その逆ではない。もしくは、「国益」を通して「世界益」を見る。とにかく、日本のNGO業界のように、「国益」と「世界益」を対立概念として捉《とら》えているようでは、納税者の感覚は、どんどん「世界益」から遠のくと思うのです。

◆「付け届け」が「ワイロ」にならないために

でも、その「付け届け」をする際は、最低限の「品位」をこちら側は身につけるべきです。

つまり、あまりこちらの「足もと」を見られるようなマネはしてはいけません。さもないと、「付け届け」が、単なる「ワイロ」になってしまうからです。

その一番悪い、そしてカッコ悪い例があります。

日本主導で一九九三年から五年に一度開催しているアフリカ開発会議（TICAD）というものがあります。ここにアフリカの首脳部が集まる。そのときに日本は「我々はずっとアフリカに援助しています。だから、この次の常任理事国入りのときにはよろしくサポートをお願いします」というようなことを言ってしまうわけです。それも、日本政府の高官が、公式の席で。

これはNGです。こういうことを言うと足もとを見られてしまう。

アフリカのリーダーたちは、援助慣れしていることを忘れるべきではありません。アフリカの国々は援助なしには成り立たない。ドナー国を搾取するような手腕が、リーダーとなるための手腕の一つなのです。

彼らの前に、国際協力という看板をぶら下げて先進国はやってくる。彼らは、それを横に並べて、どうすれば先進国からの援助を自分の利害に取り込み政治力を増強するか。これのみを考えます。日本の政治家が、地元の選挙区に大規模インフラを誘致しようとする心理と同じです。

こういう連中に、こちらの「弱み」を見せては絶対にいけません。「弱み」を見せて「足もと」を見られたとたん、彼らは、それを彼ら自身、もしくは彼らが属する政権に対して、こちらが「借り」をつくったと考えます。国に対してではありません。だって、日本の常任理事国入りなんて、あちらの一般の国民にとってはなんの関係もないのですから。

この時点から、たとえその政権が自国民の一部に対して人権侵害を起こしても、日本は声を上げにくくなります。だから、国際援助では、相手国の一部の政治家、政権が独占するような「借り」をつくっては絶対にいけないのです。

人権侵害の積み重ねは内戦の兆候になっていくことが多いのですが、「借り」を作り続けるかぎり、日本は、前章の最後であつかった「予防する責任」がどんどんやりにくくなっていきます。

「付け届け」は、その時々の相手国の政権に対するものではなく、その国民に対して送られるべきものです。その国の政権が変わっても、日本への信頼が持続するようなものを目指さなければなりません。

◆ODAが被援助国を苦しめる？

アフリカの例を見てもわかるように、知恵のない「付け届け」は、「国益」も「世界益」も損なうことになります。しかし、これまでの日本のODAを振り返ると、知恵を絞っていたとは言いがたい。

もともと、日本のODA、国際協力の歴史は、戦後賠償から始まりました。第二次世界大戦で迷惑をかけた国々に対して、いくら賠償するか。当然、相手の希望額とこちらの賠償能力には差があります。事実、インドネシアなどに対しては、相手の希望額と実際の賠償額には百倍以上の開きがあったそうです。それを交渉のすえ、経済開発のための借款《しゃっかん》や長期支払いも含めて、大きく減額してもらった。

こうした「引け目」から歴史がスタートしているため、長い間、日本は被援助国の要請に基づいて援助内容を策定してきており、いわゆる「要請主義」が原則になってきました。

要請されるがままにお金を出すのだから、自分の頭で考える必要はありません。そして、二〇〇〇年ぐらいまではじゃぶじゃぶとお金を出し続けてきました。しかし、二〇〇三年に「ODA大綱」が見直され、ようやく「日本の主体的判断」を原則とする動きが生まれました。

でも、ODA大綱が新しくなったことで、本当に日本のODAは変わったのでしょうか。自分たちの頭で考えるようになったのでしょうか。

新ODA大綱を読むと、とても美しいことが書かれています。たとえば援助実施の原則として、次の四点が挙げられています。

(1)環境と開発を両立させる。
(2)軍事的用途及び国際紛争助長への使用を回避する。
(3)テロや大量破壊兵器の拡散を防止するなど国際平和と安定を維持・強化するとともに、開発途上国はその国内資源を自国の経済社会開発のために適正かつ優先的に配分すべきであるとの観点から、開発途上国の軍事支出、大量破壊兵器・ミサイルの開発・製造、武器の輸出入などの動向に十分注意を払う。
(4)開発途上国における民主化の促進、市場経済導入の努力並びに基本的人権及び自由の保障状況に十分注意を払う。

こういうのを絵に描いた餅《もち》というのでしょう。(2)と(3)と(4)に書かれているように、途上国の軍事動向に日本は十分注意を払っているでしょうか。

たとえば、軍事大国であるインドネシア。この国にとって、独立後から現在までずっと、日本が最大の援助国でした。

インドネシアは、大変な苦悩のすえ、オランダから独立しましたが、もともと多民族国家です。そこで東チモールやアチェなど、国内の各地で分離独立運動が激化します。そして、このような運動を弾圧して統一国家の体裁を保つことが、インドネシアのナショナリズムのようになっていきました。と同時に、運動の弾圧を治安維持と位置づけて、軍備を増強していった。つまり自国民の不穏分子をやっつけるために軍事国家になっていったのです。

東チモールへの軍事侵攻は悲惨さを極め、二十年以上の圧政下で何万人の犠牲者が出たか数字は確定できません。非常事態宣言の下、メディアを含めて外国の監視の目をシャットアウトしたからです。こうしたインドネシア軍に軍事協力をしたたのがアメリカであり、インドネシアの国家財政に軍事化のための「余裕」をもたらしてきたのが、最大援助国たる日本のＯＤＡです。

これと同じような構造が、建国以来、タミール人の分離独立運動で内戦が続いたスリランカにもあります。スリランカにとっても、日本は最大援助国です。

援助が直接、軍備増強に行かなくても、被援助国の開発や福祉にODA援助が与えられることで、その国にお金の「余裕」ができてしまう。その「余裕」がめぐりめぐって軍事に流用されれば、結局ODAは相手国の軍事化を促進することになる。

お金を出す側に主体性のないODAは、結果的に、援助する相手国の国民を苦しめるものになってしまうことすらあるのです。

◆ODA予算を半額に

さきほど、ODAのような国際協力は、日本が商売させていただくための「付け届け」と考えたほうがいいということを言いました。だからと言って、日本のブランド力を高めるために、どんどん増やせばいいのでしょうか？　これはなかなか難しい問題ですが、ODA額の大きさだけで、国際貢献の度合いを測るのはおかしい、というのが僕の考えです。

二〇〇〇年に入ってから多くの国でODA実績は増加しています。二〇〇〇年の実績と比べると、日本以外の先進国は軒並み二倍以上の増額になっている。この背景としては、9・11テロ以降、欧米諸国で「貧困はテロの温床」という認識が広がったことがあげられます。

また国際社会全体でも、二〇〇〇年九月にミレニアム開発目標が国連で採択され、ODA増額の必要性が掲げられています。ミレニアム開発目標とは、貧困や飢餓の撲滅、乳幼児死亡率の削減、エイズやマラリア感染症蔓延《まんえん》の防止などについて具体的な数値目標で示したものです。このなかには、ODAの目標も国民総所得比の〇・七%と設定されています。

世界全体で、国益と世界益のバランスを取ろうと動いているなか、日本だけが逆方向を向いて削減をしている。外務省やJICAの関係者は、このような言い方で増額を訴えます。自分たちの「省益」が一番大切だから、まぁ当たり前です。

でも、大切なのはODAの「効果」を高めることであって、単に増額することではありません。経済的危機と「事業仕分け」の昨今、ODAを増額するなんて、庶民を愚弄《ぐろう》するものとして映るでしょう。僕でもそう思います。前の章でも言ったように、ODAが国際NGOと同じような「援助効率」を目指せば、「効果」と「質」を高めながら、予算を縮小できると僕は確信します。

でも、どうやって「質の向上」と「減額」を実行に移すか。たぶん、この両方を同時に扱うことは無理です。この両方を達成するには、今までのODAの慣習と体質を根本的に治療することになるでしょう。

しかし、これは官僚が一番嫌うことです。だから、官僚は、あの手この手を使って、「質の低下」を理由に、「省益」をまもるに決まっています。だからドラスティックな体質改善には、「質」の議論をあえてせず、強制的な「減額」の「政治判断」から始めるべきです。この有無を言わせない政治からの厳命があってはじめて、限られた財源の中で、「質」維持のために「体質」の改善を本気で考えるようになるのです。本気の工夫を生むには、ショック療法が必要です。まず、ＯＤＡを一律半額にするという強権的な宣言から始めてはどうでしょうか。

この半額という数字には何の根拠もありません。ただ、少しの減額なら「事業仕分け」のような小手先のもので終わってしまいます。「体質」への、もっと大局的な荒療治のために、思い切った減額が必要だと思います。

2　「有償援助」の何が問題なのか

◆なぜ日本は「有償援助」が多いのか？

では、日本のＯＤＡのどの部分を減額するのがいいでしょうか。そのことを日本のＯＤＡ

の性質から考えてみましょう。

日本のODAの特徴の一つは、有償援助の額が大きいことです。いっぽう、アメリカやヨーロッパでは有償援助は少ない。図4-3は、DAC（開発援助委員会）に参加している先進国の贈与比率（援助全体のうちに無償援助が占める率）を示したものですが、これを見ても日本が極端に低いことがわかります。

有償援助。つまり、利子をつけて相手国に金を貸す。なぜ、国が銀行のまねごとをしなければならないのでしょう。

利子でもうけたいのでしょうか？

相手国の発展の可能性に賭《か》けての先行投資なのでしょうか？

ローンの返済は長期に及ぶから、その間、相手国に対して「カネを貸してやっている」という優位な立場を誇示できるからでしょうか？

無償援助は、相手国に安易な依存心（援助慣れ）を植え付ける。有償であれば、返済の義務から責任感が生まれる。こう信じるからでしょうか？

それとも、「タダでくれてやる」では納得しない日本の納税者には、「貸してやっている」という説明のほうが、ODAに対する理解が増えるかもしれないからでしょうか？

（約束額ベース、2カ年の平均値、単位：%）

国　名*1	順位	2006/2007年	順位	2005/2006年
カナダ	1	100.0	1	100.0
オーストリア	1	100.0	1	100.0
アイルランド	1	100.0	1	100.0
ルクセンブルク	1	100.0	1	100.0
オランダ	1	100.0	1	100.0
ニュージーランド	1	100.0	1	100.0
ギリシャ	1	100.0	1	100.0
米国	8	99.9	8	99.9
デンマーク	9	99.3	11	99.2
スウェーデン	10	98.8	9	99.7
スイス	11	98.5	13	98.2
ノルウェー	12	98.3	20	86.3
ベルギー	13	98.2	14	98.1
フィンランド	14	96.9	12	98.6
オーストラリア	15	96.4	10	99.4
ポルトガル	16	95.0	16	94.5
英国	17	94.0	15	95.7
イタリア	18	90.8	17	87.9
スペイン	18	90.8	17	87.9
フランス	20	85.9	19	86.9
ドイツ	21	85.7	21	82.4
日本	22	52.2	22	54.1
DAC諸国平均		90.2		89.4

*1　国名は2006/2007年平均における贈与比率の高い順。　*2　債務救済を除く。

図4-3　DAC諸国の贈与比率（出典：2009年DAC議長報告）

そもそも日本は、世界銀行やアジア開発銀行のような国際貸付け機関にも拠出しているのに、日本独自の貸付けをしなければならないのは、なぜでしょうか？

有償援助にするか無償援助にするかの判断は、まず、投資する事業の性質によるものであるはずです。投資するプロジェクト自体が利益を生まないと、お金は戻ってきません。

たとえば教育事業、特に初等中等教育事業などは、利益を生みませんし、利益を得ようと考えること自体間違ってますから、当然、援助するなら無償のほうがいいに決まっています。一方、将来の輸出を見込んだ大規模な農業、漁業、資源、エネルギー産業開発事業などは確実に利益を生むから有償にする。これはわかります。

しかし、相手国が責任をもって十年、二十年後に返し始めてくれるかどうか。たとえば援助をする国が紛争国だったら、政権がコロコロ変わります。新しい政権が「前の政権がこしらえたローンをなんでわれわれが肩代わりしなきゃいけないんだ」とケツをまくったらオシマイです。そうならないようにプレッシャーをかけますけど、どうしても返せないとなったときは債務を帳消しにせざるをえない。

ふつう、採算の取れない案件に貸し出したら、それは最初の判断が間違っていたことになります。そこで貸す側の責任が問われます。ところが国際援助というオブラートがかかると、貸し倒れになってもあまり批判が出ない。これが国際援助活動という「聖域化」の威力です。日本の銀行が、日本の中小企業へ「貸し渋り」をするような厳格さは見受けられません。

◆中国への有償援助は成功だったのか？

日本の有償援助が大きな効果をあげた国の筆頭として、中国があがるかもしれません。

僕が八〇、九〇年代を過ごしたアフリカは、まさに中国のアフリカ進出を目の当たりにした十年でした。今日の中国の資源エネルギー戦略は、既にこの頃から始まっていました。アフリカ大陸の五十三か国、ほとんど全ての国に中国は大使館を持っています。中国と比べると、日本はその半分ほどしか大使館を開設しておりません。そして、名だたる日本の主要商社は、どんどんアフリカで店じまいをしていく。現在、「中国型新植民地主義」の批判が渦巻くなか、中国なしではアフリカ大陸は立ち行かないほど依存関係が深まっています。

「支援してきた国が、他の貧しい国を援助するまで発展した」ことは喜ぶべきことかもしれません。でも、中国の対アフリカＯＤＡ援助の総額は、日本の対中国ＯＤＡ援助の総額にせまる時が多々あったとも言われます。これは、中国を敬愛する僕でも、ちょっとどうかと思う。

一方で、中国は市場として魅力的だから、ＯＤＡは、日本企業の中国進出の道しるべとして機能しているという意見もあります。中国はまだ完全な自由経済ではなく国家の統制があり、一つの一つの日本企業にとっては進出が難しいから、ＯＤＡがその困難を軽減しているというものです。

しかし、日本の中国に対するＯＤＡの累積総額は三兆円以上で、そのほとんどが有償援助です。日本はどの国よりも中国に援助をしてきました。これだけの援助が本当に日本の外交上のカードとしてしっかり利用されていれば、東シナ海のガス田問題なんか、中国のメンツを傷つけることなく、相互に経済的恩恵をもたらす共同開発という方向で、とうに片付いていたはずです。

ですから、三兆円という巨額の有償援助の「効果」を考えると、僕は首をひねらざるをえません。

◆アフガニスタンは無償、イラクは有償

日本のポリシーなき有償援助の例は他にもあります。それはアフガニスタンとイラクへの支援の違いです。

僕はアフガニスタンに武装解除という安全保障の分野で関わることになりましたが、実はアフガニスタンとの最初の出会いは、日本が有償援助できるかどうかの調査がきっかけでした。二〇〇二年、僕は統合前のＪＢＩＣ（国際協力銀行）から委託を受け、はじめてアフガン入りしました。当時は、対テロ戦でタリバン政権を崩壊させた直後で、日本を含めた米同盟諸国は、アフガン復興のために集結しました。僕に課せられた任務は、ズバリ、「アフガ

ニスタンには、いつになったら金を貸せるか?」を調査、提言することでした。

当時のアフガニスタンは、タリバンに勝利し、対テロ戦は終結に向かうと、誰もが信じていました。でも、タリバンを相手に米軍と一緒に戦ったアフガンの軍閥たちが、タリバンという「共通の敵」がいなくなったことで、また内戦状態に戻り始めた時でもありました。

僕の結論は、政権の安定、そして治安の安定は、少なくともここ十年間は全く見通しが立たない、というものでした。

しかし、当時のアフガニスタンでは、アメリカが新しいアフガン国軍の建設、その他の同盟諸国が警察や司法制度の創設に本腰を入れ始めていました。アメリカはこうした動向を「アフガンの成功」と銘打って、その後、完全に泥沼化し始めていたイラクの占領政策打開のモデルにしていたぐらいです。でも、僕の結論は「アフガンは有償援助を想像することさえできる状況ではない」だったのです。その後、二〇〇八年まで、日本政府はアフガニスタンに対して有償援助の実績はありません。現在でも、ほとんど全てが無償ベースです。

ところが、イラク支援では、まったく違った展開を見せました。二〇〇三年当時は、ブッシュ政権によって主要戦闘終結宣言がありましたが、イラクはまだアメリカによる占領行政府のもとに置かれていました。同時に、反米武装勢力の抵抗は激化し、米兵の犠牲は増え、

「戦闘終結」なんてただの政治ショーであることを米国民自身が気づき始めました。イラク情勢も、シーア派対スンニ派の内戦へと突入していきます。こんな状態で、日本政府は、「中期的な支援」として三十五億ドル（いいですか？　三千億円以上ですよ！）のイラクへの有償援助を決めたのです。

◆イラク支援という名のアメリカ援助

アメリカによる占領が続く当時のイラクに、「イラク人の意思」は、ないのです。何十年も続くローンの返済の重責を負うのは「イラク人」なのに――。第二次世界大戦後の日本の復興だって、日本が初めての融資を世界銀行から受け、新幹線など基幹インフラ整備を始めたのは、GHQ占領が終わった翌年の一九五三年のことでした。

ブッシュ政権が始めた二つの対テロ戦――アフガニスタンとイラク。当時、両方とも治安問題は深刻でしたが、まだ希望が見えていたのはアフガニスタンの方です。「アフガン人の意思」を代表する政府もありました。ところが日本は、そのアフガニスタンでは有償援助を思いとどまっているのに、融資顧客としてのプロファイルに明らかに信頼性のないイラクには、数千億という破格の有償援助を与える――。融資条件にポリシーのかけらもありません。

どうしてでしょう?

理由の一つは、イラクには、原油、液化石油ガスという資源が豊富にあるからだといわれます。資源を持っていないという危機感は、日本の納税者にもありますから、資源のためにイラクとのパイプを作るんだというのは、たしかに説得力はあります。しかし、なぜ、アメリカの占領下で融資しなければならないのか。イラクが完全独立してからでも遅くないはずです。事実、その一年後には占領が終わることになっていったのだから。

おそらく本当の理由は、アメリカへの貢献です。イラク南部サマーワに派遣された自衛隊は、日本国内政局でスッタモンダのすえ、特別措置法でしか法的根拠をつくれませんでした(だって違憲行為ですから)。そのままでは、国民に対してイメージが悪い。そこで、ODA支援をくっつけることで、自衛隊派遣という武力行使の「民生性」を演出したわけです。なぜ、日本人の自衛隊海外派遣へのアレルギーをなくして自衛隊派遣の実績を積み上げたいのか。おそらく、その先に見据えるのは、アメリカとの集団的自衛権の行使の解禁です。同時に、ODA支援は、当時、予想外の戦費で財政が破綻《はたん》をきたしていたアメリカの占領費用に多大な貢献をすることにもなる。融資を急ぐ理由は、こうしたアメリカへの支援にあったとしか考えられません。

はっきり言って、「イラク人」という顧客は、この時の日本政府の眼中にはありません。「イラク人」を見守ること以外の動機で、この有償援助を決めました。その意味で、イラクへの有償援助はイラクのためではなく、アメリカのための「援助」なのです。

◆有償援助はいったん、全凍結せよ

僕の批判は個別的すぎるでしょうか。なるほど、日本も有償援助を受けて復興に成功したように、日本のＯＤＡによる有償援助のおかげで、アジア諸国は経済を離陸させることに成功し、今や開発途上国の範疇《はんちゅう》から卒業しているという指摘もあります。それに対して、有償を「質の低い援助」と考えて無償へ援助政策を切り替えているヨーロッパ諸国が支援するアフリカでは、ぜんぜん成果があがっていないと。

これは、もっともらしく聞こえますが、アジアと同じ土俵で比べられなければならないとしたら、アフリカがかわいそうです。奴隷制度にさかのぼる植民地化の歴史の長さや抑圧の質、さらに独立後にたどった歴史を考えれば、アジアとアフリカを単純に比較することは慎まなければなりません。「有償のアジアの成功、無償のアフリカの失敗」は、単なるプロパガンダであり、両者はそもそも土壌が異なるのです。

どうも、有償援助のまわりには、なにかいつもこういうプロパガンダがつきまといます。これは細かく指摘したらキリがありませんが、日本の有償援助は、どうしてこれが利益を生むんだと首をかしげたくなるような事業にも投資をしている。

結果的に、一部の有償援助の推奨者たちが「融資であるから長期的な計画をもとに大型のプロジェクトへの出資が可能になる」と言うように、有償性は、大型のＯＤＡを正当付ける隠れ蓑《みの》になっていると思うのです。

ここに官僚の、「国益」でなく「省益」を優先にする体質がからんでくる。大きな予算を確保し、一度それをつかんだらいつまでも維持したいという「省益」。

この「省益」を守るために、貸付けをしているとしたら——。

顧客の未来の返済能力を見つめ、顧客の将来を考えるからこそ、あえて厳格に振る舞い、甘い融資をしない。危険な賭けはさせない。これが貸す側の態度であるべきです。「身の丈にあったローンを」なんて、日本のサラ金産業でもテレビのコマーシャルにしているのです。

政権交代を契機に、いったん、有償援助を「凍結」してみてはどうでしょうか？　新規事業だけでいいです。日本国内でダム事業を凍結したみたいに、過去の慣習を一度ぜんぶ頭から一掃して、「なぜ有償でなければならないか」を、まっさらな状態から国民を巻き込んで考えるために――。

3　国連には、ただカネを払えばいいってもんじゃない

◆国連分担金と任意拠出金

前述の対中国援助について、僕と同じような批判は以前からあり、そういった批判を受けて日本政府は二〇〇六年に無償援助を、二〇〇八年に有償（円借款）を止めるということが報道されました。しかし、アジア開発銀行への拠出を通じて、数千億の対中国援助がまだ継続していることは、ほとんどの日本国民は知りません。

日本の血税からなるＯＤＡを、「国益」にとらわれない「世界益」を代表する国際機関に委ねる。アジア開発銀行はその一つですが、こういう国際機関に血税の一部を委ねて、「世界益」を先進国の個々の利害から解放する、という考え自体を否定する余地はありません。

しかし、納税者からの批判を避けて、ＯＤＡの使い方をカモフラージュするために、国際機関に拠出し続けるのであったら、それは「世界益」に対する冒瀆《ぼうとく》です。

国際機関の代表格、国連の話をしましょう。

国連の財政は、各加盟国の「分担金」を基盤になりたっています。その額はだいたいGDPに応じて決まっています。日本の分担金は、年々分担率こそ低下しているものの、現在でもアメリカについで第二位です。それに加えて、「任意拠出金」としていろいろな用途、目的別に各国のODAは国連機関を支えます。そこでよく使われるのが、「信託基金」というシステムです。

たとえば国連が、復興中のアフガニスタンによい警察、よい司法制度を作りましょうと、ドナー国に呼びかける。そのための試算をする。たとえば、五か年計画で三百億円としましょう。だいたいこういうケースでは、「お披露目」のために国際会議が開催されます。そこで、各ドナー国が国連がつくった計画に対して、アメリカが五十億円、イギリスが三十億円といったように、プレッジ（支援額の表明）をするのです。

◆国連にお金を出せば説明責任を放棄できる

日本は国連分担金に加えて、この信託基金にも多額のお金を出しています。というより、「ODA積み上げ外交」のために都合よく、この国連信託基金システムを利用してきたとも言えます。

なぜ、日本が国連信託基金に多額のお金を出しているかといえば、日本には、日本の血税が国際協力の現場でどのように使われているかを、日本人自身が現場の最前線で見守る体制があまり整っていないからです。

アメリカなら、USAIDという政府機関があって、現場の最前線にアメリカ人の専門家を送り、現地NGOやコミュニティと直接やり取りしながら開発援助をする体制が整っています。通常の開発事業だけではありません。戦争直後のまだ紛争の火種がくすぶっているような状況でも、時には米軍に守られながら（これには賛否両論ありますが）、緊急援助を落としていきます。アメリカ国籍の国際NGOもこれとタッグを組んで大活躍します。

これに対して、日本政府は、国の責任で日本人を危険なところには、まず送りません。自衛隊を送ることが難しいという理由がありますが、他国の軍が守ってくれるという便宜があっても、まず、日本人を送りません。公的な立場の日本人の中にも暗黙の区別があって、「一番殺してはいけない」のは、筆頭に自衛隊員。その次にJICAスタッフ。最後が外交官。人道的活動にかかわる人間は絶対に死んではいけませんが、何かちょっといびつです。

こんなぐあいですから、公的資金を託された日本のNGOも、おのずと、政府によってその行動を著しく制限されます。無茶なことをしたら、その次から資金をもらえないので、おとなしくそれに従うのです。

こういう体制では、日本の血税を使いたくても、事業を計画することさえできません。血税を使えなかったら、国際社会に対して、日本はこんなに大きな金額で世界益に貢献しているんだ、なんて誇示できません。

そういう日本のニーズに直接応えるのが、信託基金なのです。国連を信託（信じ切る）して、資金を渡し切り、「世界益」への貢献度の数字を積み上げる。

これを日本の納税者の側から見ると、日本政府が信託基金にお金を入れた時点で、自分たちに向けてのアカウンタビリティは済んだものだと捉えます。その先でどう使われたかを自民党政権下の「野党」は追及してこなかったし、国民の意識もありませんでした。「こういう目的で国連に拠出した」――これだけの説明で、何の批判も生まれませんでした。国連という官僚組織の非能率性を攻撃して、国連加盟国として義務同然である分担金をもギリギリまで出し渋るアメリカとは、えらい違いです。

信託基金に対する日本の無責任な姿勢を示す象徴的な例が最近明るみに出ました。国連信託基金にお金を入れても、余ることがあります。国連が信託基金を作ってお金を集めたけれども、政情が悪くなったり、プロジェクトが途中で頓挫《とんざ》したりして、お金を使い切れないケースがあります。ところが、この信託基金の未使用金を外務省はずっと放置したままだったことが二〇〇八年にニュースになりました。

ちなみに、公的資金が直接日本のNGOに託された場合（国連への拠出額に比べたら数百分の一ぐらいの微々たるものですが）、政府はまったく違った対応を迫ります。日本のNGOは、一円単位までアカウンタビリティを要求され、山のような量の領収書、レシートの提出を要求されるのです。同じ日本人でありながら、日本のNGOは信用されていないのです。

◆「渡し切り」のお金は「分担金」だけでよい

繰り返しますが、血税の一部を国連のような国際機関に委ねて、一国の利害から解放された資金を「世界益」のために使うことは、崇高な行為だと思います。同じ「世界益」の追求でも、日本の血税を日本人が責任をもって使うもの（「国益」を通して「世界益」を実現するもの）と、「国益」から完全に解放して「世界益」を実現するものとの両方があっていい。

国連に出すお金は後者に当たるものですが、それは最小限にとどめるべきだというのが僕の意見です。だって、国連は、官僚組織ですから、日本の公共事業のムダ使いと同じことが必ず起こる。現場の見えない国際協力というコンテクストではなおさらです。

ですから、いくら崇高な行為だといっても、ムダ使いが必ず起こるものに、日本のように出血大サービスでお金を出すのは考えものです。

では、どうしたらよいでしょうか。

さきほど説明したように、日本は現在、国連に対する「渡し切り（＝国益を問わない）」のお金として、「国連分担金」と「任意拠出金」のいずれにも多額のお金を出しています。

しかし、それはあまりにもムダが出過ぎる。だから僕は、「国益」から完全に解放して「世界益」を実現するものは「国連分担金」だけに限定するべきだと考えます。「国連分担金」は、安全保障理事会が主導する国連平和維持活動などに使われるお金です。安保理の実体はどうあれ、世界の安全保障を扱う業務は「国益」から解放されるべきなのです。

しかし、国づくりや開発援助や緊急援助に関わる「任意拠出金」は、どんどん減らす。国連は、官僚組織です。そして、官僚の文化は、端的に言うと「保身」です。だから、官僚機構は肥大する。そして、UNICEF、UNDP（国際連合開発計画）、FAO（国際連合食糧農業機関）、WFP（世界食糧計画）、UN-HABITAT（国際連合人間居住センター）等々、国際NGOでもできる業務に、数えきれないほどの関連官僚組織をつくってきた。そして、それぞれの業務は、お互いオーバーラップするものが多い——。よく言われる、国連関連組織の問題です（日本の公益法人の乱立と同じですね！）。国連のスリム化、効率化のためにも、国連関連組織への「任意拠出金」をいったん全凍結し、見直しましょう。

そして、できるだけ多くの資金を「日本の血税を日本人が責任をもって使うもの（「国益」を通して「世界益」を実現するもの）」へ転換するのです。

◆信託基金に責任を持つ方法

でも、これからの日本が、血税を日本人の管理と責任で、現場の最前線で使う能力を付けていくためには、大変な時間がかかると思います。少なくとも、そのための人材育成の時間が必要です。

そこで提案です。国連に資金を信託しても、お金を「渡し切り」にせずに、現場の国連官僚を使いながら、日本人が日本の納税者に対する責任を行使する方法があります。

僕はこれをアフガニスタンでの武装解除事業で実践しました。

武装解除事業は、実は、国連に頼んでＤＤＲ（武装解除）信託基金をつくったのです。アフガニスタンでは、日本がこの事業の責任国になり、日本が中心となって、アフガン政府、アメリカとその同盟諸国、そして国連と一緒に、事業計画を作り、そして国際会議を開いて計画をお披露目し、各国に資金援助をプレッジしてもらいました。

この場合、リード国として日本はこの事業に最大の拠出をしましたが、信託基金システムは、日本だけでなく他の国からも拠出を促すことで、その事業をリード国の酔狂ではなく、「国際社会」が一丸となって支援するという形を可能にします。

この時の武装解除事業は、やっと停戦に応じた複数の軍閥たちから武器を均等に回収し、均等に軍縮させながら、最終的に連立内閣を作り、中立で新しい、そして必要最小規模の新しい国軍を作ることを目的にしていました。ですから、大部分の軍閥の兵士達は市民にかえり、職業訓練を施されて、社会に復員するのです。

しかし、もしその中の最強の軍閥の一つが、その政治力をつかって、この軍縮のプロセスを悪用し、自分の兵士を除隊させたと見せかけて兵力を温存したり、新しい国軍の編成を支配したりしたらどうするか。それは、つまり、日本の血税が、アフガンの国づくりではなく、一つの武装勢力の勢力拡大に使われることを意味します。

これは、平和憲法を戴《いただ》く日本が、一番やってはいけないことです。

このときの僕は、日本の「国益」をまもる＝平和憲法の精神に反する行為を厳格に排除する、と捉えました。

武装解除の実際の作業は、戦車、大砲から自動小銃にいたる武器の回収、兵員の登録作業まで大掛かりなものになります。こんな経験をもっている日本人の人材はなかなかいないので、国連のチャネルを通して世界中から人材を集め、武装解除機動部隊を作りました。

同時に、在アフガニスタン日本大使館に、僕を筆頭にした数人の日本人外交官で武装解除チームを作り、武装解除の政治的合意形成、全事業の予算管理はもちろんのこと、多国籍の将官たちで非武装の軍事監視団を編成し、現場の最前戦に送り、武装解除のプロセスを監視させたのです。そして、アフガニスタンの平和を願う日本が、中立な立場で武装解除という重要な政治プロセスを推し進め、国連はそれをサポートしているという構図を作り、アフガン社会に広報したのです。これで日本の株はさらに上がりました。

◆国連を脅迫せよ

こういう僕たちに、現場の国連官僚たちは、しつこく抵抗しました。お前たちのやっていることは「国益」による「世界益」への「内政干渉」だと。

でも、そんなこと知ったことではありません。日本の血税です。僕たちは、抵抗する国連官僚に、最後のおどしをかけました。「抵抗を続けるなら、来年度の日本からの拠出はないよ」と。

これが、その国連信託基金で、リード国＝最大拠出国になる強みです。

こうすれば、国連への拠出でも、「国益」を通した「世界益」を追求できます。

繰り返しますが、「国益」から解放された「世界益」への貢献は、国連分担金への拠出で十分だと思うのです。その他の国連への任意拠出は、どんどん国連に内政干渉し、日本の「国益」を国連に実現させる。

そのために、全ての国連、そしてUNICEF、UNHCRなどの国連関連機関への任意拠出をいったん凍結し、総点検しましょう。そして、日本が以上のようなリード国として振る舞えない事業への拠出は全廃するのです。これで、だいぶODAが節約できるはずですし、日本人にとって、「国益」を通した「世界益」を認識しやすくなると思うのです。

なにより、ただの「渡し切り」の「積み上げ」で、国際貢献を誇示するような姑息《こそく》なことは、もう止めましょう。

4　国際連帯税の可能性

◆公的資金頼みだった日本のNGO

最後に、ODAとNGOの関係について述べてみたいと思います。

僕は、NGOに関しては、「非政府」原理主義者です。つまり、NGOは政府の言いなりになってはいけない！

だって、言いなりになったら、それはもはや「非政府」ではありません。別に、反体制運動を鼓舞しているわけではありません。言いなりになるんだったら、さっさとNGOの看板を下ろし、堂々と政府の「下請け」をやればいいのです。

今から十年も前に、「ジャパン・プラットフォーム」というものができました。これは、政府からの公的資金を、災害や紛争国への緊急人道援助のために、それを専門にする日本のNGOに託する機関です。一応はNPOの形態をとっていますが、その運営には、外務省の現役高官が関わっており、緊急事態が起こり日本のNGOがすぐに行きたいと意思表明をしても、待ったをかけてくると言います。

たとえば、二〇〇六年のレバノン危機の時などは、日本のNGOはいち早く、ジャパン・プラットフォームの資金を使って現地入りを模索しました。でも、イスラエルの攻撃による人道危機ですから、アメリカに気を遣ってか、外務省から強い待ったがかかったそうです。これは、人道活動への、唾棄《だき》すべき政府の干渉です。

この機関の設立の立役者は、ピースウィンズ・ジャパンというNGOの代表だった大西健《けん》丞《すけ》氏。第一章で扱った日本社会の「寄付文化」を、今から十年前に早々と見限り、日本のNGOのために公的資金の受け皿をつくった大西氏の先見の明は、たいしたものです。戦略家としての彼の力量は、本当に日本人離れしていると思います。

その彼が「ジャパン・プラットフォーム」を作ったわけだから、日本のNGOが緊急人道援助を十分に行う環境を実現するには、そういうシステムしかないのかもしれません。

でも、こういうものに、気軽にヒョコヒョコ集まってくる日本のNGOは、右に述べたような露骨な政府干渉を、NGOの沽券《こけん》に関わる大問題と捉えず、言いなりになる。そして、こういう公的資金が切られると、即、解散を意味するような財政状態（つまり一般市民からの募金からなる自己財源がない状態）になります。それでも、NGOの看板を掲げ続ける日本のNGO。はっきり言って、恥ずかしい。NGO（非政府）という概念を傷つけてまで、N

GOが存在する理由は、どこにもないと思うからです。

◆国際連帯税がNGO再生の鍵

こういう貧しい状況ですが、日本の人道援助の活路が、少しですが見えてきました。現在、国連のミレニアム開発目標を達成するための財源案として「国際連帯税」が注目を集めています。

国際連帯税とは、航空取引や金融取引など、グローバル経済の利益に対して課税をし、税収をアフリカ諸国の貧困対策などに充てるというものです。

すでにフランスでは、世界に先駆けて航空券連帯税が実施されました。フランス発の航空機は、自国と欧州行きの場合、エコノミーに一ユーロ、ビジネスとファーストクラスには十ユーロ、欧州以外の海外行きには、それぞれ四ユーロと四十ユーロの航空券連帯税を課し、税収は年間約二億ユーロ（約三百億円）に達しています。そしてこの税収を、国際機関に拠出して、エイズ・結核・マラリアなどアフリカの感染症対策に充てているのです。現在はフランス以外でもチリ、韓国などで実施され、導入を予定している国も数多くあります。

仮に、日本でフランス同様の航空券連帯税を導入すれば、約四百五十億円ぐらいの税収が上がるという試算もあります。

金融取引に課税する通貨取引税は、まだ導入されていませんが、試算としては相当な額の税収を得ることができます。カナダの研究者であるロドニー・シュミット氏によれば、〇・〇〇五％の税率（個々の投資家にとっては屁《へ》とも感じられない率）でも、全世界で年間約三百三十億ドルの税収を得られるといいます。これは世界のＯＤＡの約三分の一にのぼる額です。

ヨーロッパが積極的に国際連帯税に関心を寄せ始めるなか、日本政府は当初、冷淡な受け止め方をしていました。二〇〇五年の段階では、航空券連帯税を実施しないことを正式に表明したほどです。

風向きが変わったのは、二〇〇八年二月に国際連帯税の議員連盟が設立されたころからだと思います。この議員同盟には多くの議員が超党派で参加し、積極的に情報発信をおこなってきました。その甲斐《かい》あって、政府も国際連帯税の導入に対して前向きな姿勢を見せ始めています。

寄付文化がない日本。国際連帯税は、政府による管理ではなく、財界とＮＧＯ業界が一体となって管理する機構を作り（もちろん、この機構の財政活動に対して、非課税という貢献を政府はするべきですが）、ＮＧＯに直接、資金提供する。これが実現すれば、日本のＮＧＯは完全に「非政府」となり、日本の人道活動は「政治」から解放されます。
その時には、ジャパン・プラットフォームが、国際連帯税収の受け皿になるのです。そして、その運営から、外務省の役人を追い出しましょう！

まとめ

ODAとは何か

①「国益」を通して「世界益」を見よ。
②「何も言わない」援助は、紛争を助長する。
③「質」の改善のために、ODAを半額にせよ。
④有償援助の融資基準に一貫性はない。いったん凍結して見直せ。
⑤国連への拠出は「分担金」だけでいい。「任意拠出金」は、いったん凍結して見直せ。
⑥国際連帯税で、人道活動を政治から解放せよ。

第五章　自衛隊と憲法九条

日本が主導したアフガニスタンにおける武装解除事業は、戦車、大砲のたぐいの重火器を対象にした（アフガニスタン・バルフ県、2002年ごろ）

最後の章では、長きにわたって右派と左派の対立の中心的な論点になっている自衛隊と憲法九条の問題を考えます。

僕は、自衛隊を否定しません。同時に、憲法九条も今のところ変える必要はないと思っています。

でも、これまでの自衛隊の海外派遣が、本当に国際貢献になっているかどうか、大いに疑問があります。そこで、僕が見てきた諸外国の「軍隊」の事例を参照しながら、自衛隊の存在意義について考察していきましょう。

1 「抑止力」に振り回される軍隊

◆憲法九条で国が護れるか

日本国憲法をめぐる議論では、九条を変えるか変えないかを焦点として、改憲派と護憲派とが対立しています。そして世間では、改憲派は保守、国粋主義者で、護憲派はリベラル、平和主義者みたいなレッテル張りが横行しています。たしかに、この両者は水と油で、とても「和解」なんて考える余地はないほど犬猿の仲のように思えます。

それでも両者が共通に認識している事実があります。それは、戦後、日本は一度も本土を侵攻されることも、海外で銃を撃つこともなく「平和」であったということです。では、その平和は、何がもたらしているか？　ここで両者の意見は分かれます。

改憲派は、日米同盟のおかげだと言います。日米同盟のおかげで、冷戦時代に日本はソ連から護られたし、現在は、中国、そして北朝鮮からの攻撃に対して抑止力になっていると。だから、これからも、もっと日米同盟は強化しなければならないし、アメリカと対等に支え合うために集団的自衛権も大手を振って行使したい。そのためには、集団的自衛権の行使を禁じている九条が障害になっているから改憲を、というわけです。

護憲派は、戦後の平和は九条のおかげだと言います。こんな経済大国でありながら、他国を侵略しない、戦争をしない、武力も持たない（?）と宣言している。だから、敵も襲ってこない。九条は抑止力になっているのだから、護らなければいけないというのが護憲派の言い分です。

僕は心情的に、九条抑止力説を支持したい。僕は今、安全保障の分野のアカデミックな世界で教鞭《きょうべん》をとっています。よく海外の研究者、特に北欧の研究者から、日本という「凶暴」な過去のある経済大国が戦争を放棄していること自体が、東アジアにおける安全保障の要になっている、と言われます。お世辞かもしれませんが、悪い気はしません。

しかし、九条の力というのはイメージの力ですから、イメージによる抑止力だけに、国家の防衛を委ねてもいいものかどうか。ちょっと、それだけに頼るのはあやうくないだろうかとも思います。

日米同盟も、自衛隊も明日から解消し、「平和国日本」のイメージだけでやっていこうとしたら、日本国民は納得するでしょうか。たとえ九条抑止力説が好きでも、研究者として、それをどう証明したらいいのか。僕は自信がありません。僕の力不足かもしれませんが、イメージの抑止力は「測定」できないし、半分以上「精神論」に近いものを感じるのです。

これに対して、改憲派が推す日米同盟による「抑止力」は、「測定」できるでしょうか。この場合の抑止力は「軍事力」ですから、その「火力」は数字で表すことができそうです。でも、「火力」がイコール「抑止力」になるかは、別の話だと思います。それは「仮想の敵」をどう捉《とら》えるかに関わりますから。「仮想の敵」がどういう攻撃を仕掛けてくるかという「仮想の状況」を想定するなかで、こちらの軍事力、つまり兵員、武器の種類、数が議論されるわけです。逆にいえば、「仮想の敵」がまったくいなければ、「火力」なんて必要ない。「火力」が抑止力として機能するかどうかは、「仮想の敵」次第だということになります。

そこで、少し遠回りするようですが、僕が関わってきた事例を参照しつつ、「仮想敵」と「抑止力」という点から、「軍隊」の必要性について考えてみたいと思います。

◆国際社会が国軍をつくるとき——「仮想敵国」と「抑止力」の問題

僕は、過去、紛争で国土が焦土と化し、国をゼロから復興するという状況のいくつかに直接的にかかわりました。

そういうときに、国際社会は、「法による支配」の確立を目指します。つまり、紛争中のような「銃による支配」ではなく、法の力によって、国家が治まる状態をつくる。しかし、「法の支配」を目指すといっても、果たして紙に書いた法だけで人間はまとまるのか。

日本の社会を考えてみてください。我々はある程度の秩序をもって生きていますが、それは、法の力だけでは実現できません。悪いことをしたら、銃を持った警察がいる。やはり、日本の秩序も武器に頼っているところがあります。本当に人間が社会の信頼の力だけでまとまる時期が来たらいいなとは思いますが、日本でもそうではないのだから、紛争直後の社会では、ちょっと無理です。

通常、「法の支配」を確立するためには、次のような決まりきった考え方をします。あえて暴力装置という言葉を使いますが、国軍は外敵から国を守る暴力装置。警察は一般犯罪から市民を守る暴力装置。この二つの暴力装置が、みんなが認める政府によって「独占」されている状態、それを僕たちは「秩序」と呼びます。暴力装置による秩序があって初めて、紙に書いた法が「実効性」を持つ。

僕は、その中でも、紛争後の国軍をどうつくるかという場面に、直接的に関与しました。都合三つのケースに関わりましたが、共通して言えることは、計画兵力・武力を決めるための方程式は存在しないということ。人口に対する兵士の数を比べた国別の数字などが参考にされる場合がありますが、実際の決定にはあまり関係しません。決定要因になるのは、絶対的に「財政」です。

生まれたばかりの国家がいつ自力で経済を維持できるようになるのか。その時期は、少なくとも、戦後動乱の無償援助期（かわいそうな状況だから国際援助はタダで）から卒業する時期（もうそろそろ自分の足で立てよ、と国際社会がシビレを切らす）でなくてはなりません。これらを見越して、ある程度の経済成長を予測し、その成長に見合った兵力や武力を策定するわけです。

もともと内戦中に戦闘を繰り返していた武装勢力が停戦に応じ、新しい連立政府をつくることに同意して復興が始まるのですが、各勢力は、自分たちの子飼いの兵士達を、できるだけ多く新しい国軍に入れるよういろいろな圧力をかけます。そういう希望を全部そのまま足していったら、新しい国軍は、大変な兵力になってしまう。内戦中は、それだけの兵士を総動員して殺し合っていたのですが、和平後はその必要がなくなるのですから、大勢は要らない（ここで僕がやってきた「武装解除」が大きな意味を持ちます）。そして、そんな大きな兵力を持ったとして、人件費はどうするの？　というふうに、復興を支援する国際社会と、その新政権との交渉が始まるのです。もちろん国際社会側は、できるだけ小さい国軍をつくることを推します。紛争直後の急ごしらえの連立政権ですから政治が不安定です。大きな軍事力を持たせたら、それが政治に利用され、分裂し、また大きな内戦を引き起こすかもしれない。

新しい国軍の計画兵力は、こういう「交渉」で、なんとか決まっていくのです。

これに加えて、もう一つの決定要因が、「仮想の敵」です。

「仮想の敵」への恐怖が高まれば、当然「抑止力」、つまり軍備を大きくしたいという気持ちになる。とにかく、復興中の新しい政権というものは、この「仮想の敵」を、大きく見せたがる。明日にでも敵が攻めてくるような恐怖の根拠を並べ立てて、なるべく大きな国軍をつくりたいと国際社会にせまる。直接交渉だけでなく、これを自国民に訴え、恐怖をあおり、民衆の意思を動員して国際社会にせまるのです。

◆実体のない「仮想敵国」――東チモール国軍創設

僕が関わった東チモール。二十四年にも及ぶ独立運動の歴史は、それを阻止しようとするインドネシア軍との死闘だったわけですが、このインドネシア圧政から解放され、国連が暫定行政府を運営し、東チモール人による完全独立国家の準備をしていた時のことです。

一番治安の悪かった、インドネシアとの国境地帯の県知事を国連から任された当時の僕と、現場に配属されていた国連平和維持軍の司令官の結論は、「新生独立国家・東チモールには国軍はいらない」というものでした。

太平洋に浮かぶチモール島。想定できる敵は、インドネシアしかありません。そのインドネシア軍と国境で対峙していた僕たちは、この国境から、国連平和維持軍とインドネシア軍を段階的に撤退させ、非武装の国境を実現できると考えました。そして実際に、完全に非武装化するための信頼醸成措置をインドネシア軍との間で推し進めていたのです。唯一の仮想敵国であるインドネシアとの唯一の接点であるこの国境において、非武装化が実現すれば、

「抑止力」の「はけ口」がなくなります。国境は、「警備」という観点で警察力を配備すれば、東チモールに国軍をつくる必要はなくなります。

しかし、僕たちのこの主張に真っ向から反対したのが、東チモールのリーダーたちでした。「国境の向こうでは、インドネシア軍が、東チモールを再度侵略するためのゲリラ訓練をやっている」といった目撃情報をまことしやかに喧伝《けんでん》し、国軍建設に向けて民衆を味方につけました。実際に、二十四年間もインドネシア軍の迫害を受けた人たちですから、その恐怖は容易にあおることができます。しかし、国境に一番近いのは僕たち国連の存在。国連平和維持軍の日々のパトロール、インドネシア軍との接触、そしてNATOの偵察衛星からの映像のどれをとっても、ゲリラ訓練の形跡はない。なのに、これらをどう説明しても、「恐怖」の喧伝には、かなわなかったのです。

結局、東チモール軍は創設されることになりました。それを後押ししたのは、当時、小泉さんと並んで「ブッシュの飼い犬」と揶揄《やゆ》されていたオーストラリアのハワード政権です。オーストラリアと東チモールは海を隔てて隣人同士。しかも、そこには海底油田があります。二〇〇二年の完全独立後、東チモールの最初の首相アルカティリは、このオーストラリアに対して強硬路線を敷いておりました。その勢い余って、あのキューバのカストロに接近してみたりして、アメリカの神経を逆なでしたこともありました。

そんな緊張関係のうちに、二〇〇六年、なんと、東チモール国軍の一部が、アルカティリ首相に対してクーデターを起こしたのです。国は、また内戦の状態に戻ってしまいました。その首謀者は、軍事支援の一貫で、オーストラリアで訓練を受けた人物でした。後には、親オーストラリアの首相と大統領が就任し、現在に至っています。

実体のない仮想敵国を想定して創設された東チモール国軍。それが、近隣のスーパーパワーの利害も絡んで「政治利用」される。それがもたらした損害ははかり知れません。

◆迷走する「抑止力」——アフガニスタン国軍創設

東チモールに続いて、現在、世界で一番大きな戦争、「テロリストとの戦い」が継続するアフガニスタンでも、僕は、新しい国軍の建設に関わることになります。

二〇〇一年のタリバン政権崩壊後、タリバンを倒した立役者だった軍閥たちが、共通の敵タリバンを失うことで、また覇権争いを始め内戦状態になりかけていたアフガニスタン。前章で説明したように、この時点で、タリバン・アルカイダに「勝った」と信じたアメリカと僕たち同盟国は、この軍閥たちの存在を新しい国家建設の障害と位置づけ、彼らを武装解除することを決定します。

しかし、タリバン・アルカイダに勝ったといっても、彼らを皆殺しにしたわけではなく、パキスタンとの国境地帯に追いやっただけでした。情勢的には、内戦になりかけていたのは事実ですが、同時にこの軍閥たちの存在は、タリバン・アルカイダの再台頭を防ぐ「抑止力」としても機能していました。事実、軍閥たちが、武装解除に抵抗する一番の表向きの理由は、この「抑止力」の低下だったのです。そして軍閥たちは、自らの子飼いの兵士を、そのまま新しい国軍に入隊させることにこだわりました。その時の全兵力は二十四万人。しかし、タリバンと戦った時の総兵力は七万弱です。タリバンを倒した直後から、覇権争いのためにせっせと兵力を増強した結果、兵士の数は短期間に膨大に膨れ上がってしまったのです。もちろん連立暫定政権を形づくっていたこれらの軍閥たちの軍備増強の表向きの理由は、「タリバン・アルカイダの脅威」でしたが。

そんな軍閥たちが推すアフガン新国軍の計画兵力は二十四万でしたが、そんなに大きい軍は、独立国家として維持不可能、と結論したのは他ならぬアメリカ自身でした。同時に、僕らは、アメリカが新しい国軍をちゃんとつくるから、彼らが解体されることになっても「抑止力」の低下は招かない、と言って彼らをねじ伏せました。その結果、彼らを全て解体し、兵員をいったん、「市民」に戻しました。そして戦車、大砲のたぐいの重火器を中心に、彼らの全武力を回収し、アメリカがつくる新国軍に納めたのです。

この時に、二十四万人の計画兵力を主張するアフガン側に、アメリカをはじめ僕たち国際社会側が突きつけたのは、七万という数字です。それ以上は、アフガンの国力で維持できる見通しは立たないというものでした。

そのあと、どうなったか？

武装解除される前に軍閥たちが言ったように、タリバン・アルカイダは力をぶり返し、現在、アフガンの国土の八割を実効支配していると言われています。つまり、アメリカを中心に僕たちは、「負けそう」なのです（こうなった理由はいろいろあります。拙著『アフガン戦争を憲法9条と非武装自衛隊で終わらせる』をお読みください）。

このやっかいな戦争を引き継いだオバマ政権は、先の計画兵力を十三万五千に引き上げました。今、この戦争を一番やめたいと思っているのは、アメリカ国民、そしてオバマさん自身だと思います。こんな金のかかる戦争をもう十年近くやっているのです。アメリカ経済は疲弊しています。もう、「ベトナム化」しているという焦燥感にさいなまれています。アメリカの首脳の誰もが、この戦争に、軍事的な勝利はないと思っているのです。

完全勝利がないと目される戦争では、米兵を撤退するための一番の口実は、一時的な米兵の増兵である程度、戦局を挽回しておいて、その戦局が元に戻らないよう「抑止力」として地元の軍を急増し、バトンタッチする。これが、戦費のかかり過ぎる戦争からの「出口戦略」になります。

武装解除では、軍閥が差し出した兵士がホントウの兵士なのかチェックしなければならない。これは僕たちが組織した地元の長老グループが、リストにあがった兵士を尋問しているところ（アフガニスタン・クンドゥス県、2003年ごろ）

実際、オバマさんは大統領就任後の二〇〇九年三月、まず米兵を一万七千人増員し、形勢を少しでも挽回して、この出口戦略につなげようとしましたが、成果があがらず。そして、同年十二月、さらなる三万人の米兵増員と共に、アフガン国軍を二十三万以上にするという計画を発表しました。

この時点で、アフガニスタンが真の独立国家として発展していくことを見守る（つまり、国家予算を最も食いつぶす国防費の適正値を考える）余裕を、アメリカも、その同盟国の僕たちも、喪失してしまった――。

そして現在、軽装備でたった数万と言われている仮想敵タリバンの兵力に対して、二十三万という完全に国力の許容範囲を逸脱した「抑止力」をアフガン政府につくる一方、それでも形勢を挽回する自信がもてないから、タリバンと「政治的和解」を探るという、まったくチグハグなことが行われているのが、アメリカと僕たち国際社会の「テロとの戦い」の実態なのです。

もし、将来、仮想敵タリバンとの政治的和解が成立し終戦になったとしたら(今のところ現実味はありませんが)、そこまで膨れ上がった国軍兵力をどうするのか。そうやって急増した兵士達は、訓練と「国家」に対する忠誠心の醸成が十分にできていませんから、部族主義などの政治に利用されやすくなります。将来、アフガニスタンにまた内戦が起こるとしたら、この国軍の分裂から始まるでしょう。

このように、アフガン政府に、仮想敵に対する「抑止力」をつくろうとする試みは、どちらかというと、それを支援する側の都合に支配されてきた。このあたり、日本の自衛隊の成り立ちと似ていませんか?

日本という凶暴な過去を持つ国家に、二度と戦争をさせない、武力を持たせないようにアメリカが草稿した九条。ところが、朝鮮戦争がはじまり、在日米軍の多くが朝鮮半島に送られ、日本国内の治安維持のために警察予備隊をつくった。これが、戦後、日本の再軍備、つまり「九条の空洞化」の始まりとなりました。

2 非武装自衛隊の可能性

◆現地の軍事的ニーズがなくても自衛隊を出したい日本

自衛隊の話をしましょう。

日本は過去、自衛隊という武装組織を、国連PKOをはじめ海外に派遣してきました。本来、軍事組織は国防を主たる任務にするものです。それが「国際協力」というコンテクストで派遣される。軍隊とは、そもそも「プロの殺人集団」ですから、それが必要とされる「国際協力」の現場は、究極の外交選択が迫られている状況であることは明確に理解されるべきです。

なぜなら、武力介入とは諸刃《もろは》の剣であり、助けなければならない人々を、逆に傷つけてしまう可能性が常につきまとうからです。特に、最近の内戦がらみの紛争では、「敵」は、伝統的な軍事形態をとっていない場合が多く、ほとんど民間人と区別がつかない民兵のようなものです。だから、民衆を傷つけてしまう確率が非常に高いのです。

こういう極限の状況をちゃんと把握して、今まで日本政府は自衛隊を派遣してきたでしょうか？

二〇〇二年に、日本は国連東チモール暫定統治機構（UNTAET）に自衛隊を、武器を携帯させて派遣しました。小泉政権になってから最初の自衛隊派遣です。

もちろん日本国内では、大きな反対運動があったのですが、政権与党は、こういう説明をしました。東チモールには喫緊の人道的ニーズがある。しかし、治安が悪過ぎてNGOなどの人道援助団体では十分そのニーズに応えられない。だから、そのニーズに応えられるのは、武装警備能力と人道援助能力の二つを自己完結的に備えている自衛隊の工兵部隊しかない、と。

しかし、これはウソです。当時の東チモールには、工兵部隊が行かなければならない、「軍事的ニーズ」は全くなかったのです。

僕は二〇〇〇年から、UNTAETの県知事として現地にいたのですが、すでにこのころ、東チモールは大変に安全になっていて、国連平和維持軍も撤退を開始していました。治安維持のための多国籍軍が、治安の回復に伴って、部隊を段階的に縮小しようというとき、どこから手をつけるか。戦略上の道路や橋の建設を行う工兵部隊など、いわゆるロジスティックス部隊に決まっています。戦闘のための歩兵部隊は最後まで温存しながら、工兵部隊の業務は、どんどん民間業者に委託したほうが、格段に安く上がるからです。

当時の僕は県知事として、ニュージーランドの歩兵大隊（約八百名）とパキスタンの工兵大隊（約七百名）を統括しておりました。治安回復に伴い、パキスタン工兵大隊は、その存在意義を薄め、持て余し気味の重機を人道援助に使い過ぎて「いったいパキスタン軍は何のためにいるの？」と国連内でヒンシュクを買う始末でした。ですから、この工兵部隊を早々と帰還させたのです。そしてその業務はそのまま民間業者に委託し、必要であれば、警護のために歩兵を付けることがありましたが、次第にそれも要らなくなり、ＮＧＯにも建設事業を委託し始めていたのです。

自衛隊が送られたのは、それから一年以上も経った時点です。国連平和維持軍は、僕がいたときの最盛期から、既に半減していました。当時の東チモールは、組織的犯罪は皆無で、コソ泥などの事件の発生件数を人口で割った比率でいうと、世界で最も安全な国だった。もちろん、人道援助を軍事組織に託さねばならない状況ではなく、我が「日本軍」の派兵は、当時の現場の国連関係者に「？」という印象を抱かせました。

結果としては、勤勉で現地の人に優しい自衛隊の人道的活動は、地元の民衆の間では大変好評でした。これは、自衛隊の優秀性の一つとして評価されなければなりません。しかし、紛争直後の民衆です。客観的な、軍事的ニーズにまで意識は届きません。その民衆のレベルの視点で、自衛隊派遣についての政策論議をしても、しょうがない。

「軍事組織」としての派遣を違憲であると批判された時は、「人道援助」を建前にして逃げる。「NGOにでもできる」と費用対効果を批判された時には、治安問題を盾にして逃げる。そんな政府も政府ですが、いっぽう日本のメディアは、批判の側に立つべきリベラル系も、「危険な場所に女性が」と、女性自衛隊員の追っかけをやる始末です。

海外で大規模な地震や津波が起これば自衛隊が派遣され、道路や橋のインフラを整備している光景がよく映し出されます。こういうシーンを見て「自衛隊は頑張っている」と思うかもしれませんが、在日アメリカ大使館の国際協力部門の最高責任者の知人がポロリとこぼしたエピソードがあります。

「そういう災害が起きると、アメリカ軍は二四時間以内に現場へ駆けつけることをモットーにしている。そして、短期間でできるだけのことをしたら、後はNGOなどの人道援助団体に引き継いですぐに引き揚げる。警備、ロジスティックス、機動力で「自己完結」している軍事組織にとって、人道援助は、軍事組織以外に対処できる組織がない、本当の緊急時にのみに許される。だから、一番早く駆けつけ、一番早く出て、本来の軍事的任務に戻る。それなのに、日本の自衛隊は一番最後に到着して、そのままズルズル居残る」と。

はっきり言います。

今までの自衛隊海外派遣は、現場の「軍事的ニーズ」というより、国内政局のために、自衛隊の海外派遣の実績を積み上げることが、目的でした。

日本国民の自衛隊派遣に対するアレルギーをなくすために、武装組織である自衛隊を海外に出してはいけません。そして、海外（特に、第二次世界大戦中迷惑をかけたアジア諸国）に日本の外交的な存在感を示すために、武装組織である自衛隊を出してはいけません。なぜなら、そういう行為は、軍事力による「国威高揚」と同じだからです。

◆自衛隊はゲリラ部隊か

海外派遣された自衛隊に、単独行動は許されません。その地に展開することが何らかの国際法、国連の決議、もしくはその他の条約によって法的に正当化された多国籍軍に、自衛隊が派遣されるのです。さもないと、「ゲリラ部隊」になってしまいます。

そして、通常、自国の軍隊を多国籍軍に派遣するということは、その多国籍軍司令部の指揮下に入ることを意味します。そういう多国籍軍は、どんな脆弱《ぜいじゃく》なものでも現地に国家があれば、その政府から地位協定という形で、さまざまな特権の確保を図ります。その一つが、現地法からのイミュニティ（免責）特権です（日米地位協定も同じです）。

普通、地位協定とは国対国のものですから、多国籍軍の場合、現地政府は、同じような内容の協定をたくさんの国と結ばなくてはならない。だから、その煩雑さを軽減するために、多国籍軍司令部は、一括地位協定、別名、軍事業務協定というものを結びます。こういう多国籍軍に軍隊を送れば、自動的にその軍はこの協定下に置かれるわけです。

多国籍軍司令部から見れば、指揮下に入らない軍隊が勝手な行動を起こして、その結果、現地の民衆を殺してしまっても、イミュニティだけくれ、なんて虫がよすぎます。だから、多国籍軍の指揮下に入ることと、特権の享受は、ある意味、バーターになっているのです。

これは、国連平和維持軍への派遣でも同じです。自衛隊の東チモール派遣の際、当時の国会では、自衛隊の指揮権は東京の防衛庁長官にあるなんてことを言っていましたが、それはウソです。自衛官たちは国連のブルーヘルメットを被り、国連の腕章をつけ、国連が定めるROE（武器使用基準）のマニュアルを常に胸のポケットに入れていたのです。

このへんの問題がもっと色濃く出たのが、二〇〇三年のイラク、サマーワへの自衛隊派遣でした。

フセイン政権を倒したアメリカの軍事占領によって始まったイラク復興では、その治安維持（激しい戦闘状態が続いていたのでこの言葉を使うのはためらわれますが）を担っていたのは、国連軍ではなくて、アメリカを中心とする有志連合の多国籍軍でした。

イラクの復興は、日本の戦後のGHQのように、アメリカ主導の占領政府CPA（イラク暫定統治機構）から始まりました。ですから、アメリカ軍を含む多国籍軍が軍事業務協定を結ぶべきイラク政府がまだ立ち上がっていなかったので、このCPAが発行する「条例」が、軍事業務協定の代替機能を果たしていました。

CPAによって発行された条例のうち、多国籍軍にイミュニティを与えるものがあって、これがつくり出した深刻な問題は、今でも尾を引いています。このイミュニティ条例が兵員を現地法から免責するのは通常の通りですが、免責の対象には「民間軍事会社の社員も含まれる」としたのです。

民間軍事会社とは、つまるところ「傭兵《ようへい》」の会社です。その業務は、米軍基地の設営、従来は工兵部隊がやっていたロジスティックス活動、大使館や要人の武装警備、ハイテク武器の運用、移動中の正規の軍隊の護衛など広範囲に及びます。その存在感はますます強まっており、現在では「トータル・フォース」としてアメリカの軍事戦略の中心的な位置を占めるほどです。実際、イラクでのその「職員」の数は、正規の米軍兵士の総数に迫りました。

では、イミュニティ条例によって、民間軍事会社の社員が免責の対象になると、どういう問題が生じるでしょうか。

正規の軍人は、捕虜を虐待したり、民間人を殺したら、軍法会議にかけられます。たとえ、アメリカ国内であろうが、イラクであろうが、アフリカであろうが、軍務中に犯した過失は軍法によって裁かれる。ところが、「民間の兵士」の過失は、軍法では裁けない。

ブラックウォーターという米国籍の会社の起こした虐殺事件が有名ですが、イラクではそうした民間軍事会社による虐殺事件が多発しました。彼らは、イミュニティ条例によって罪に問われず、正規の軍人ではないので、軍法にも問われない。

この状態は、二〇〇四年にCPAが終わり、イラク政府が誕生してからも据え置かれ、二〇〇八年まで続きました。これは、米国議会でも大問題になりました。だって、地球上に彼らを裁く法がないのです。

自衛隊が派遣されたとき、政権与党は、自衛隊は「多国籍軍の指揮下に入らない」と答弁しました（自衛隊はゲリラ部隊だった!?）。でも、これは国民には知らされておりませんが、実は自衛隊は、多国籍軍の一員としてこのイミュニティ条項の庇護を受けていました。自衛隊は法的に「軍」ではないので、日本には軍法はありません。つまり、法的地位は、民間軍事会社の「傭兵」と同じだったのです。

イラクへの自衛隊派遣は、スッタモンダのすえ、違憲性を乗り越えるために、特別措置法をつくって実現しました。しかし、自衛隊の法的な保護の問題は、イラク支援特措法のなかには一言たりとも入っていません。

通常、このイミュニティの問題は、地位協定という外交文書で交わされる内容です。それを国会で議論することなく、一部の官僚だけで締結したとしたら、国民に対する深刻な背任行為ではありませんか？

僕は、そんなに無理をしてまで、なぜ武装した自衛隊を出したいのか、わかりません。「ブーツ・オン・ザ・グランド」「ショウ・ザ・フラッグ」などの揶揄が、よく引き合いに出されます。武装した自衛隊を出さないと「男がすたる」みたいなことです。

でも、軍隊を出すぐらい、「発展途上国」でもできるのです。たとえば、パキスタンやバングラデシュ、ネパール、そしてアフリカの諸国も、多国籍軍の出兵の「常連」です。国連平和維持軍であれば、日本も払っている「分担金」から、こういった兵力拠出国に、兵士一人にいくら、装甲車などの装備ひとつにいくら、といった具合に、代金が払われます。過去の自衛隊の派遣にも、こうして国連からお金が戻ってきました（日本政府は、この返金にしばらく気がつかず放置していたことがニュースになりました）。つまり、発展途上国にとって、国連への兵力派遣は、「外貨稼ぎ」なのです。

イラクの多国籍軍のように、国連平和維持軍でない、アメリカの「有志連合」的なものでは、普段から巨額の軍事援助を受けている発展途上国が、その援助の継続のために軍事作戦に付き合わされることもあります。アメリカに法外な「思いやり予算」まで献上している日本に、こういう「引け目」があるとは、到底考えられません（と、僕は思うのですが――）。

どちらにしろ、世界の平和とか、アフガニスタンやイラクの平和のためというより、自国の国益のために派兵するのが、こういった貧しい国々なのです。

日本が、同じ轍《てつ》を踏むことはありません。

そもそも、軍法も持たない国が、軍事組織を外に出すことが間違っているのです。

だったら、自衛「隊」を「軍」にして、「普通の国」になって（九条を変えることになるでしょう）、大手をふって海外派遣、そして米と集団的自衛権の行使、という議論があるかもしれませんが、その前に、日本ならではの、「普通の国」ではできないことの可能性を、ちょっと考えてみませんか。

◆国連軍事監視を自衛隊ブランドに

たとえば、紛争の起こった地域に派遣される「国連軍事監視団」の仕事は、自衛隊だからこそできる任務ではないでしょうか。

軍事監視の仕事は、休戦・停戦がきちんと行われているかを監視したりするものです。停戦合意などというのは、一発の銃声で、いつでも破られます。だから、中立な立場の人間が現場に、あえて非武装で出かけ、「俺を撃ったら、おしまいよ」の状況をつくる。つまり、停戦の状況を自ら体現する。そうして、少しずつ兵力削減や武装解除をしようという機運を生みだしていく。最初は、兵力の一％ずつでもいいから、敵対勢力間で均等に武装解除し、それを、二％、五％とつなげていく。その間、もし一つの勢力が、ポンコツの武器を出したりしたら、そこで停戦に対する信頼は崩壊します。だから、中立な立場のレフェリーが必要なのです。違反行為があったら、即座に発見、それが停戦決裂といった大きな政治問題にならないうちに、現場で仲裁を図る。これが、中立的な軍事監視の醍醐味《だいごみ》です。

こうした軍事監視は、多国籍の現役の軍人、それも将官クラスがチームを組んで行うのが効果的です。軍人が、あえて非武装で赴く。これに意味があるのです。大変勇気の要る仕事です（実際、国連軍事監視団員の殉職率は高いのです）。こういう活動こそ、自衛隊だからできる日本国憲法の精神、そしてあの「雨ニモマケズ」を地でいくやり方だと思います。

そして、前述の「軍法」の件も、問題になりません。なぜなら、国連軍事監視団は、各国の現役の軍人でありながら、個人が「国連スタッフ」として派遣され、国連スタッフと同じ国連イミュニティが与えられるからです（国連スタッフには、通常の外交官と同じ外交特権が与えられる）。

そんな専門性の高い仕事を自衛隊ができるの？　と思うかもしれません。たしかに、日本の自衛隊には、軍事監視の経験がほとんどなかったのですが、最近少しずつ経験を積んできています。

ネパールでは、十年以上にわたって政府軍と反政府軍が争っていましたが、数年前から和平の機運が高まってきました。そして、二〇〇七年一月、この両派からの要請に基づいて、国連が「国連ネパール政治ミッション」（ＵＮＭＩＮ）を設立しました。このＵＮＭＩＮに自衛隊からも六人の軍事監視要員と五人の連絡調整員が派遣されています。もちろん非武装でうでしょうか。

す。こうした国連軍事監視のミッションに積極的に参加して、日本のブランドにするのはど

3　日本だからできること

◆日米同盟強化に武力はいらない

前章でも述べたように、国連は万能ではありません。主権意識の強い国での紛争介入や、国連安保理の常任理事国の利害が絡んでいるところの介入に関して、国連は無力です。

アフガニスタンは、アメリカの「テロとの戦い」の現場なので、ここでも国連のプレゼンスは薄い。NATO諸国や、日本など、アメリカと同盟関係のある国々を主体に、平和構築が行われてきました。

二〇〇一年のタリバン政権崩壊後、国際社会は、タリバンを倒したアフガンの軍閥（九つあった）のパワーシェアリングで出来上がった暫定政府を支持したので、アフガン復興は、すべてにおいてアフガン人を主体にするという取り決めがなされました。したがって、武装解除も、建前上、アフガン暫定政権の国防省を主体に遂行しなければなりません。

ところが、当時この国防省は、軍閥勢力の中でも最も強大な一つの軍閥に支配されていましたので、このまま武装解除を始めれば、この軍閥が他の軍閥を刀狩りするという形になります。武装解除は、特定の軍閥のためではなく、アフガニスタンという国家のためにするものです。お互い武力闘争を繰り返していた軍閥たちですから、そのままアフガン人だけに任せておくと、最悪の場合、壊滅的な内戦を誘発する恐れがありました。

そこで日本は、アフガン国防省全体をリシャッフル、つまり首脳部全員をいったん解雇し、他の部族出身者を入れて「国」防省の体裁をつくることを、支援の条件と位置づけました。他の支援国と共働して、この条件が満たされなければ、武装解除事業にビタ一文払わないどころか、復興支援全体に深刻な支障が出ると脅迫したのです。このときは地元の新聞に「内政干渉だ」と批判され、僕たち日本大使館は、いつテロのターゲットになってもおかしくない状況に陥りましたが、それでも数か月粘って条件をのませました。

これは、内政干渉には違いありませんが、国家建設のために武装解除は中立でなければならないという大義の下に行った、平和のための内政干渉でした。

そもそも国防省改革の責任は国軍建設支援を担当するアメリカにありましたが、当時のアフガン国防省を牛耳る軍閥は、アメリカの傀儡《かいらい》であるカルザイ大統領に敵対していたので、アメリカはこの国防省改革にずっと手を出せずにいました。日本は、アメリカができなかったこの問題に対して、中立性を発揮した内政干渉を行い、成果をあげたのです。

この時の日本は、アメリカの弱点を見事に補完しました。アメリカは、特に中東では「嫌われ者」です。それに対して、日本の印象はすこぶる良い。これは、イギリスなど、他の同盟国にはない「特質」だと思います。そして、この特質は「軍事組織」を持っているのに、その武力をアメリカのために使ってこなかったという「印象」の上にも成り立っています。

強大な武力で世界を闊歩《かっぽ》するアメリカ。その負のイメージを、日本が中和する。その負のイメージが邪魔をする難題に、日本が特別の役割を果たす。日本に武力を使わせない（武装した自衛隊の海外派遣をしない）ことで、アメリカが得をする。これほど理にかなった、そして、アメリカにとっての日本の存在価値を高める国際貢献があるでしょうか。

◆対等な日米関係とは

ここ最近、メディアは日米関係の危機をあおっています。鳩山政権を窮地に追いやった「普天間問題」が記憶に新しいところですが、こうした「危機感」の火種は、民主党が公約に掲げていた「インド洋の給油活動の延長停止」から始まっています。

二〇〇一年以来、鳩山政権まで続いた自衛隊によるインド洋上の給油活動は、特別措置法をつくって違憲性を乗り切ったので、日本国内ではたいへん注目を集めた。しかし、アフガニスタン国内での認知度はほとんどありませんでした。

実は、僕は、既に泥沼化が明確になってきた「テロとの戦い」をどうするかで、二〇〇八年頃から、アフガン政府関係者と協議を重ねてきました。同時に、オバマさんのチームとも非公式な協議を重ねてきたのですが、彼らとの本音トークから、自衛隊に対する認識を思い知らされました。

アメリカにとって、非NATO加盟国でありながら、「テロとの戦い」に協力している日本が、給油活動を停止して対テロ戦から離脱することは、ゆるみつつあるNATOの結束を維持する上ではマイナス材料です。

しかし僕は、彼らに言いました。

「日本にとって給油活動は一番お気軽な貢献である。なにしろ、年間八十億円ぐらいで済むし、日本人が死ぬ可能性は全くない。日本には、違憲行為でもアメリカのために無理してやっているんだという気持ちがあるから、アメリカが給油活動でよしと言っている限り、日本はそれ以上の貢献を考えないよ」

こんなふうにアメリカ側に言うと、反応は、「あ、そうか」となる。

結局、給油活動停止と引きかえにアメリカは、給油活動の十倍にあたる五十億ドルを、鳩山政権からアフガン支援という名目で引き出しました。つまりアメリカは自衛隊の貢献よりも、お金を取ったわけです。自衛隊の活動の軍事的な存在価値はその程度なのです。

「対等な日米関係」とは、鳩山政権のスローガンの一つでしたが、これでは非常に情けない。

現在、アメリカは、「テロとの戦い」において、本当に窮地に立っています。そして、そのアメリカを助けることとは、アメリカに言われたことをそのままやることではありません。アメリカと一緒に考えることです。それは、アメリカの弱点を認識することから始まります。そして、その弱点を補完するために、日本が一番威力を発揮できる方法を考えること（日本の「特質」をいかすことが一番いいに決まっています）。それが、「対等な日米関係」だと思うのです。

◆愛国者の国際協力

日本がアフガン武装解除の責任国になった当初、外務省は、武装解除は誰か他の国が行い、日本は復員事業、つまり、武装解除後の兵士の社会復帰事業だけをやればいいと勘違いしていたふしがあります。

通常こういう武装解除では、僕がシエラレオネでやったそれのように、国連平和維持軍などの中立な軍事力を投入し、抑止力を示すことで「武器を下ろしても殺されない」という信頼醸成を敵対する武装勢力間につくることが前提です。だから、日本は「武装解除は誰かがやってくれる」と思っていたのでしょう。

しかし、当時のアフガニスタンは、アメリカの同盟NATOでさえ首都カブールの外への展開には非常に消極的でしたし、日本に先陣を切れと言われても、アフガニスタンという「戦闘地域」には自衛隊を派遣することができません。

結局、抑止力の確保が不十分なまま、政治交渉のみで武装解除を行うという前代未聞の難題に日本は取り組むことになったのです。

武装解除が紙の上で合意された時、アフガン北部では、ドスタム将軍とアタ将軍という二つの主要軍閥同士が、戦車、大砲のたぐいの重火器を使って武力衝突を繰り広げていた最中でした。これを何とか暫定的に停戦させ、最初は両勢力の「腹が痛まない」程度の武装解除（特に重火器のそれ）の合意を捻出《ねんしゅつ》し、それを段階的に拡大すべく、薄氷を踏む思いで、押し進めました。

こういう場面では、前述の通り、非武装の軍事監視団が必要ですが、国連がコミットしてくれないので、日本人を中心に、各国からも駐在武官（現役の将官）の派遣を要請し、団長を僕がつとめました。

当時、僕たち日本大使館の武装解除チームは、駐在武官の現役一等陸佐も含め、全員が非武装で、この任に臨んだのです。敵対感情をあらわにしている勢力同士を停戦させ、武装解除に向かわせる信頼醸成のために、敵意むき出しの武装勢力が弾を装塡《そうてん》したまま集まってくる現場に、僕らは非武装で赴きました。危険度でいえば、当時、同じ時期に派遣されていた、イラク、サマーワの自衛隊の任務など比較になりません。

その時の僕たちには、アフガンの和平を願う使命感がありましたが、同時に「日本に恥をかかせてたまるか」という思いも強くありました。それは、誰に言われたものでもない。アメリカの軍事力が圧倒する国際情勢のなか、平和憲法を戴《いただ》く日本が、武装解除というおよそ日本に不似合いな軍事問題に、あえて非武装で臨むという「品位」のためなら、多少のリスクは冒そうという気になったのです。「そんな品位が今の日本にないなら、俺たちが創ってやろうじゃないか」。こんな気概に〝粋〟を感じる、ごく自然発生的な愛国心だったような気がします。

愛国心と、世界平和のための国際協力は、僕は、両立すると思うのです。いや、そうしなければなりません。

まとめ

自衛隊と憲法九条

①軍隊の兵力は、財政と仮想敵の状況次第で決まるが、「仮想敵への抑止力」という大義名分は政治利用されやすい。

②今までの自衛隊海外派遣は、現場の「軍事的ニーズ」ではなく、国内政局のために、実績を積み上げることが目的だった。

③イラクでの自衛隊の法的地位は、民間軍事会社と同じだった。

④国連軍事監視こそ自衛隊のブランドに最適である。

⑤非武装の国際貢献が、日米同盟強化につながる。

⑥愛国心と、世界平和のための国際協力は、両立する。

あとがき——日本の若い人たちへ

大学で学生たちに接していると、国際協力に関連する仕事に就きたいという人が、とても多いことを実感します。

それで生活できるのなら、日本のＮＧＯに入りたいという人も相当数います。おそらくこの本の読者にも、そういう人が多数含まれているでしょう。

でも、最初から外交官を目指すのは別ですが、大卒ですぐＮＧＯに入るというのは、ほとんど不可能です。新卒者を正規採用し、訓練する余裕は日本のＮＧＯにはありません。タダ働き覚悟なら別ですが。下手をすると、社会のドロップアウトになってしまう。国際協力業界は、ドロップアウトの掃き溜《だ》めではありません！（日本には昔、そういう時期がありましたが）

僕は、まず、日本の普通の営利企業でいろんな社会経験を積む、そこから始めるべきだと、そういう学生にはアドバイスします。嫌なボスの下で働き、我慢する。人間は、社会は、絶対に自分の思いどおりにはならないのだ、という現実を思い知る。そういう経験を積んで、三十代になってから国際協力の道に入っても全然構わないし、欧米では普通のことなのだ、と学生には言います（と、自分が若い頃、嫌で、してこなかったことを、「したり顔」で言う僕です）。

でも、みんな待ちきれないんですね。「今、学生として何かできることありませんか」というような質問も来る。もちろん「あなたたちは役に立ちません」、「発展途上国はあなたたちを必要としていません」とはっきり言いますが。

いっぽう、現在では、普通の会社に入ることが難しくなっている。非正規雇用問題に代表されるように、日本は、自己の努力で克服できる「格差」の問題ではなく、社会の構造的暴力が生み出す「貧困」が身近なものになってきているのですね。

こんな閉塞状況ですが、誤解を恐れずにアドバイスさせていただくと、ちょっと、発想を変えてみませんか？

もし、就職に失敗したら、肉体労働でも、水商売でも、数年間集中的にやって、そうですね、二、三百万円貯めるのです。かじるスネがあったら、遠慮なく、親に無心してもいい。そして、留学しちゃうのです。でも、欧米へ、ではありません。発展途上国へ、です。それも、その国の一流大学へ、です。

首都にある国立大学（その国の東大にあたる）がいいでしょう。学費も物価も安いし、教育水準も高い。はっきり言って、欧米の二、三流大学より良いのではないでしょうか。そして、日本人の語学能力に対しても、寛大です（英語もろくに話せず、インドに留学した僕のように）。

そこで、英語、仏語などの公用語に加えて現地語もマスターするのです。そして、勉強のかたわら、なんとか現地社会、特に経済界に取り入るのです。この本で言ってきた「商品」の開発を目指して。それをきっかけに、卒業後も、その地に留まるツテができたら、シメタものです。

合い言葉は、「発展途上国の一流大学へ」です。

本書は、書くことの嫌いな僕を奮い立たせるために、フリー編集者の斎藤哲也さんが僕をインタビューして文章化したものを土台にし、たくさんのやりとりのすえに出来上がりました。彼の協力がなかったら、何も形になっていなかったでしょう。

最後に、本書の最初の構想をつくり、書き進めるごとに、読者の視点に立った助言を頻繁《ひんぱん》にしていただいた、筑摩書房の金子千里さんにお礼を申し上げます。

略歴年表

年	活動国	活動・所属	著書（発行年）
1957		東京都立川市生まれ	
75		都立立川高校卒業。早稲田大学理工学部建築学科入学	
80		早稲田大学大学院理工学研究科入学。専攻は都市計画	
82	インド	インド国立ボンベイ大学大学院社会科学研究科に留学。専攻はソーシャル・ワーク	
84		同大学院社会科学研究科博士前期課程修了（後期	

年	赴任地	経歴	著書
(〜87)		中退)。インドの世界最大規模のスラムに住み込み、コミュニティ・オーガナイザーとして活動	
86		早稲田大学大学院理工学研究科都市計画専攻修了	
87		ボンベイ市公安局から国外退去命令を受け帰国	『インド・スラム・レポート』(明石書店)
88 (〜92)	シエラレオネ	世界最大級の国際NGO「プラン・インターナショナル」に就職。シエラレオネ、ケニア、エチオピアに赴任し、農村総合開発を指揮	
92 (〜94)	ケニア		
94 (〜97)	エチオピア		
97		財団法人日本フォスター・プラン協会、国際援助部長として予算管理、広報戦略を担当(同団体は「プラン・インターナショナル」の日本事務局)	『NGOとは何か——現場からの声』(藤原書店)
98		財団法人笹川平和財団に転職。調査役・主任研究	

		員として中東和平に関わる	
2000（〜01）	東チモール	国連東チモール暫定統治機構、上級民政官として、同国13県の一つコバリマ県の県政を指揮	『東チモール県知事日記』（藤原書店）
01（〜02）	シエラレオネ	国連シエラレオネ派遣団、国連事務総長副特別代表上級顧問兼DDR部長として、内戦後のシエラレオネでDDRを指揮	
02		立教大学大学院21世紀社会デザイン研究科の教授に就任	
03（〜04）	アフガニスタン	日本政府外務省特別顧問として、アフガニスタンで軍閥・武装勢力の武装解除を指揮	
04			『武装解除——紛争屋がみた世界』（講談社現代新書）
06（〜現在）		東京外国語大学大学院地域文化研究科教授に就任。平和構築・紛争予防学を担当	

07		国会・衆議院「テロ防止・イラク支援特別委員会」に参考人として呼ばれる	『NHK未来への提言 ロメオ・ダレール――戦禍なき時代を築く』（日本放送出版協会、共著）
08		国会議員とともに、カルザイ大統領はじめ、アフガニスタン問題関係各国の要人と接触を開始。対テロ戦の終結へのシナリオづくりを模索する	『自衛隊の国際貢献は憲法九条で――国連平和維持軍を統括した男の結論』（かもがわ出版） 『日本の国際協力に武力はどこまで必要か』（高文研、共著） 『爆笑問題のニッポンの教養　平和は戦いだ』（講談社）
09		「アフガニスタンの和解と平和に関する円卓会議」（「11・23東京会議」）を主催	『さよなら紛争』（河出書房新社） 『伊勢﨑賢治の平和構築ゼミ』（大月書店）
10			『アフガン戦争を憲法9条と非武装自衛隊で終わらせる』（かもがわ出版）

ちくまプリマー新書143

国際貢献《こくさいこうけん》のウソ

二〇一〇年八月十日　初版第一刷発行
二〇二三年六月五日　初版第七刷発行

著者　伊勢崎賢治（いせざき・けんじ）

装幀　クラフト・エヴィング商會
発行者　喜入冬子
発行所　株式会社筑摩書房
東京都台東区蔵前二‐五‐三　〒一一一‐八七五五
電話番号　〇三‐五六八七‐二六〇一（代表）

印刷・製本　中央精版印刷株式会社

ISBN978-4-480-68847-7 C0231 Printed in Japan